ALFRED HITCHCOCK KRIMI-KNÜLLER BAND 2

Schneider-Buch

Inhalt

Der Kratereffekt

Sheriff Ed Carson war am Telefon, und es klang nicht sehr fröhlich, was er sagte.

„Da ist gerade ein Ehepaar in meinem Büro. Der Mann behauptet, daß einer ihn verfolgt und ihm nach dem Leben trachtet."

„Ist schon irgend etwas vorgefallen?" fragte ich.

Der Sheriff lachte. „Nein, das glaube ich nicht. Aber davon abgesehen, die Leute scheinen mit mir allein nicht zufrieden zu sein. Sie wollen mit dem Untersuchungsrichter sprechen. Ich bringe sie gleich zu Ihnen."

„Lassen Sie mal, ich komm zu Ihnen", sagte ich und warf einen Blick auf meine Uhr. „Es ist ohnehin Zeit zum Mittagessen!"

Ein paar Minuten später verließ ich mein Büro im dritten Stock, stieg die endlosen Marmortreppen zum Erdgeschoß des Gerichtsgebäudes von Pokochobee hinunter und begab mich zum Sheriff. Dabei mußte ich das Großraumbüro durchqueren, an dessen anderem Ende sich der kleine, gläserne Verschlag befand, in dem Carson seines Amtes waltete. Vom Schreibtisch aus konnte er den ganzen Raum überblikken, und er stand sofort auf, als er mich kommen sah.

Durch die Scheibe konnte ich den Mann und die Frau erkennen, die vor Carsons Schreibtisch saßen.

Der Sheriff stellte Sie vor. „Mr. und Mrs. Trent, das ist der Untersuchungsrichter Mr. Lon Gates, den Sie zu sprechen wünschten."

Trent erhob sich, gab mir die Hand und zerquetschte mir dabei fast die Finger. Er war vierschrötig, stämmig, mit blutunterlaufenen Augen und schwammigem Gesicht, und er sah so aus, als hätte er in der letzten Zeit wenig geschlafen.

„Vielleicht können *Sie* uns helfen?" sagte er. Mit einem Blick auf den Sheriff fügte er hinzu: „Alles, was der Mann uns vorschlägt, hilft uns nicht weiter."

Mrs. Trent seufzte tief. Sie war dunkelhaarig und hatte ein hübsches Gesicht. Wenn sie die Asche von ihrer Zigarette schnippte, funkelten Diamanten an ihren Fingern.

Ich warf Ed Carson einen Blick zu. Wie üblich trug er ein ausgewaschenes Khaki-Hemd, und sein strähniges graues Haar verlangte nach einem Friseur. Das gleiche galt für seinen pfeffer- und salzfarbenen Schnurrbart.

Er sagte mit sanfter Stimme: „Ich versuchte den Herrschaften klarzumachen, daß wir in der Sache nicht allzuviel tun können . . ."

„Dieser Mann verfolgte uns von Memphis, wo wir zu Hause sind, bis hierher", unterbrach ihn Trent." Er wird mich bei der erstbesten Gelegenheit umbringen. Schließlich hat er es

bei uns zu Hause auch schon versucht."
„Welchen Mann meinen Sie?" fragte ich.
„Richard Royce natürlich", antwortete Trent ungeduldig. Der Mann muß hinter Gitter, ehe es zu spät ist. Und zwar sofort. Über die Einzelheiten können wir uns später unterhalten."
„Was hat er Ihnen denn getan?" fragte ich.
Trent fuchtelte mit seinen dicken, behaarten Armen in der Luft herum. „Immerhin ist er hier, oder vielleicht nicht? Er folgte uns, oder nicht? Das reicht doch wohl!"
Ich tauschte mit Carson kurze Blicke. Seine Augen funkelten spöttisch, aber er sagte nichts.
Jetzt mischte sich Mrs. Trent ein. „Darf ich Ihnen das erklären, Mr. Gates. Mein Mann hat mit Richard Royce gemeinsam in einer Immobiliensache spekuliert. Die Sache ging daneben, und Royce verlor eine Menge Geld."
„Ich habe ihm aber vorher gesagt, daß es riskant ist", warf Trent ein. „Niemand hat ihn dazu gezwungen. Und nur, weil ich bei der Sache ein paar Dollar retten konnte, meint er, ich hätte ihn betrogen."
Mrs. Trent nickte. „Auf jeden Fall, Royce war außer sich. Er hat uns das Leben zu Hause zur Hölle gemacht, so daß Darren und ich beschlossen, für einige Zeit nach Florida zu fahren. Wir hofften, Royce würde sich in der Zwischenzeit beruhigen. Aber stattdessen . . ."
„Stattdessen verfolgt uns der Kerl", ereiferte sich Trent. „Die letzte Nacht sind wir durchgefahren und haben uns erst heute früh in einem Motel eingemietet, um noch ein bißchen

Schlaf zu finden. Vor einer guten Stunde stand ich auf und trat aus der Tür. Wen sehe ich da? Royce! Der Kerl hat sich in dem Appartement direkt neben uns eingenistet. Verstehen Sie?"

Ich versuchte ihn zu beruhigen. „Aber was hat er Ihnen denn getan?"

Trent wurde wütend. „Er lachte mich aus und wünschte mir alles Gute. Die ganze Zeit über klopfte er dabei auf seine Hosentasche. Das brachte mich zur Raserei. Ich weiß genau, da hatte er ein Schießeisen drin."

„Haben Sie für die Vorgänge irgendeinen Zeugen?"

„Ich habe Ihnen nur erzählt, was tatsächlich vorgefallen ist", brauste Trent auf. „Natürlich war niemand in unserer Nähe, der unser Gespräch mithören konnte. Dazu ist Royce viel zu raffiniert. Genauso wie zu Hause in Memphis. Er gibt sich keine Blöße, wenn irgend jemand in der Nähe ist. Er tauchte plötzlich auf, wenn ich durch die Stadt ging, trat neben mich und flüsterte mir zu: ‚Ich werde dich bald kriegen, Trent.' Oder er rief mich mitten in der Nacht an."

„Das kann ich beschwören", ergänzte Mrs. Trent. Sie preßte ihre Lippen aufeinander. „Ich habe selbst einige Male das Telefon abgenommen, wenn er, wie immer, mitten in der Nacht anrief. Es war entsetzlich."

„Haben Sie das der Polizei in Memphis gemeldet?"

Trent zog eine Grimasse. „Ich habe mit dem zuständigen Kriminalbeamten gesprochen. Er hat mir genau den gleichen Quatsch erzählt wie dieser Sheriff hier. Die rühren doch keinen Finger, um mir zu helfen. Was soll ich denn bloß machen? Soll der Kerl mich erst umbringen, damit die Polizei endlich reagiert und meine Geschichte glaubt? Zum Teufel, davon habe ich aber nichts."

Ich faßte noch einmal zusammen. „Also Sie und Royce waren in ein gemeinsames Geschäft verwickelt, aus dem nichts wurde. Royce gibt Ihnen die Schuld und bedroht Ihr Leben. Ist das nicht ein bißchen übertrieben, Mr. Trent? Nur weil er etwas Geld verloren hat?"

Trent antwortete nicht. Seine Frau warf mir einen Blick zu, hüstelte und sagte: „Tja, es steckt natürlich mehr dahinter. Sehen Sie, ich war mal mit Richard Royce verlobt, und dann kam Darren, und ich ... ich trennte mich von Richard und heiratete Darren."

Sie zögerte und errötete leicht. Nervös drehte sie an ihren Ringen, und ihre Blicke suchten ihren Mann. Doch der war aufgestanden und stand nun, mit dem Rücken zu uns, bei der offenen Tür.

„Wie dem auch sei, das muß Richard mehr verletzt haben, als irgend jemand ahnen konnte", sagte Mrs. Trent. „Trotzdem blieben wir drei Freunde, wie ich zunächst annahm, und er war ganz scharf darauf, sein Geld in Darrens Grundstücksgeschäfte zu stecken. Aber als er dann auch noch das Geld verlor, das war für ihn ..." Ihre Stimme erstarb.

Trent fuhr herum. „Also los, was werden Sie jetzt unternehmen?" fragte er mich.

Ich dachte noch einmal darüber nach. „Wir können gar nichts machen. Wenn ich Ihnen einen Rat geben darf: Das beste wäre, Sie führen mit Ihrer Frau wieder nach Hause.

Gehen Sie zu dem zuständigen Gericht und beantragen Sie eine einstweilige Verfügung. Das müßte ..."

„Einstweilige Verfügung?" Trent explodierte. „Ach, du lieber Himmel! Dieser Royce ist doch ein Ungeheuer, außerdem ist er verrückt. Und Sie meinen, so eine kindische einstweilige Verfügung würde ihn aufhalten? Okay, ich hab schon verstanden. Sie wollen doch nur erreichen, daß ich aus diesem Drecksnest hier verschwinde. Ganz klar. Sie hätten ja viel zu viel zu tun, wenn ich umgebracht werde. Hauptsache, ihr Provinzheinis werdet nicht aus eurer Ruhe gerissen."

„Nun reicht's mir aber", sagte der Sheriff. Er lehnte, auf seine Ellenbogen gestützt, auf seinem Schreibtisch. „Um deutlich zu werden, Ihre reichlich wilde Phantasie ist Ihr eigentliches Problem. Was auch immer Sie bis jetzt vorgebracht haben, es gibt keinen Beweis dafür, daß Sie sich irgendwie in Gefahr befinden."

Trent, der sich immer mehr erregt hatte, stürzte plötzlich an mir vorbei, stieß einen Stuhl zur Seite und holte weit aus, um dem völlig perplexen Sheriff eine zu kleben. Es krachte dumpf, als seine Faust dann Carson an der Schulter traf.

„He, hören Sie auf!" rief ich und packte Trent. Er stieß mich weg und verpaßte Carson noch eine. Seine Frau war aufgesprungen, rang die Hände und gab spitze Schreie von sich. Carson verlor die Balance und fiel auf seinen Schreibtisch. Blut tropfte aus seiner gespaltenen Unterlippe. Trent war über ihm und versuchte, ihm an die Kehle zu gehen.

„Phantasie!" schnaufte Trent. „Ich werd Ihnen was mit Phantasie, Sie blöder Hund ..."

In diesem Augenblick zog ich ihm eins mit dem Stuhl über.

Ich habe ihn nicht k. o. geschlagen, aber er verlor das Interesse an einer weiteren Schlägerei. Carson rollte den erschlafften Körper zur Seite und rappelte sich hoch.

Mrs. Trent wimmerte. „Er hat das nicht so gemeint..."

In diesem Moment stürzte Deputy Buck Mullins aus dem Großraumbüro herein. Er starrte auf den Sheriff, dann auf Trent, der mit dem Gesicht nach unten zur Hälfte auf dem Schreibtisch hing. Carson betupfte seine blutige Lippe.

„Bring ihn raus hier, Buck", schnarrte er," bring ihn rüber ins Gefängnis und schließ ihn in einer Zelle ein. Und wenn er Schwierigkeiten macht, dann reiß ihm den Kopf ab."

Der lange Deputy stellte Trent auf seine Füße und bugsierte ihn aus dem Büro. Trent versuchte sich zu widersetzen, aber das bekam ihm nicht gut.

Einen Augenblick lang war es ruhig. Carson drückte sein Taschentuch gegen den Mund und blinzelte zu Mrs. Trent hinüber. Sie versuchte zu sprechen, gab es aber wieder auf. Stumm wandte sie sich an mich. Ich schüttelte den Kopf.

„Aber er hat es doch nicht so gemeint", sagte sie fast flehend. „Das kommt nur daher, daß er unter einem solchen Streß steht. Bitte!"

Ich schüttelte wieder den Kopf. „Wir mögen zwar ein paar blöde Provinzheinis sein, aber wir haben etwas dagegen, wenn Leute unseren Sheriff angreifen, Mrs. Trent. Dafür haben wir auch nicht das geringste Verständnis. Das beste wäre, Sie nähmen sich einen Rechtsanwalt."

Ihr Körper straffte sich, ihre Augen blickten jetzt wütend.

„Genau das werde ich tun. Ich werde unseren Rechtsanwalt in Memphis anrufen und ihn bitten, sich ins Flugzeug zu setzen. Das ist die beste Lösung. Wir kommen, um bei Ihnen Hilfe zu finden, und Sie werfen meinen Mann ins Gefängnis, Unverschämtheit!"

Sie stolzierte aus dem Büro, ohne sich noch einmal umzublicken. Nach alldem fand ich ihr Gesicht gar nicht mehr so reizvoll. Ich wandte mich an Carson. „Sind Sie in Ordnung?"

„Ja", brummte er. „Der blöde Kerl ist ja selber daran schuld."

Ich mußte lachen. „Das kann man wohl sagen. Er hat sich so in die Sache hineingesteigert, daß er diesem Royce nun alles zutraut. Ich würde gerne auch die Version von Royce kennenlernen."

Während Carson sein Gesicht wusch und seine Lippen mit einem Antiseptik-Stift behandelte, rief ich bei den beiden Motels an, die es in dieser Gegend gibt. Ich fand heraus, daß die Trents und Royce im *Travel Inn* an der Bundesstraße im Norden der Stadt gemeldet waren.

Als Carson und ich das Büro verließen, kam Deputy Mullins vom Gefängnis zurück. „Was ist bloß mit dem Kerl?" fragte der bullige Deputy. „Als ich ihn in die Zelle steckte, fing er an verrückt zu spielen. Er schrie, ich sollte ihn rauslassen, seine Frau wäre in Gefahr. Was ist denn an der Geschichte überhaupt dran?"

„Wahrscheinlich nichts, aber wie auch immer, auf alle Fälle bleibt er jetzt für ein paar Stunden da, wo er ist", sagte Carson grimmig. „Falls er sich prügeln will, soll er sich mit den

Kakerlaken in der Zelle herumschlagen."

Wir nahmen uns einen Dienstwagen vom Parkplatz des Gerichtsgebäudes und fuhren durch Monroes kleines Geschäftszentrum in Richtung nördliche Bundesstraße. Das *Travel Inn* liegt nur eine halbe Meile hinter der Stadtgrenze von Monroe.

Über dem Eingang befand sich eine riesige Leuchtreklame, und gleich daneben war auch das kleine Büro. Dahinter erstreckte sich eine Reihe von schäbigen Appartements mit Blick auf den von Unkraut überwucherten Vorhof.

Der Hotelmanager, ein älterer glatzköpfiger Mann namens Ferris, war nicht gerade begeistert, als er uns kommen sah.

„Was man Ihnen auch immer über uns erzählt haben mag, es ist alles gelogen", begrüßte uns Ferris. „Wir sind hier ein anständiges Haus. Kein schwarz gebrannter Whisky, keine wilden Partys bis zum frühen Morgen oder ähnliches."

Carson unterbrach ihn. „In welchem Appartement wohnt Richard Royce."

Ferris schien sichtlich erleichtert. „Oh, sehen wir mal nach..."

Er fuhr mit dem Zeigefinger über das auf dem Pult liegende Anmeldungsbuch. „Hier haben wir ihn – Royce. Er ist hinten im Appartement 9, falls er nicht zum Mittagessen weggegangen ist."

„Und wo wohnen Mr. und Mrs. Trent", fragte ich.

„Die sind in Appartement 10, gleich neben diesem Royce. Ich erinnere mich gut an sie. Großer Schlitten, gutaussehende Frau. Als er zahlte, zog der Mann dicke Bündel von Geldscheinen aus der Tasche."

„Um wieviel Uhr sind sie hier angekommen?" fragte Carson.

„So gegen fünf heute morgen. Und dieser Royce kurze Zeit später. Ich hatte das Gefühl, daß er die Trents kennt. Er bat mich, ihn im Appartement gleich neben ihnen unterzubringen. Netter Kerl."

Wir verließen das Büro und fuhren langsam an den Appartements entlang, bis wir auf Nr. 9 stießen. Jedes Appartement war von dem anderen durch eine Garage getrennt. Der ganze Geländekomplex machte einen billigen und schäbigen Eindruck, besonders jetzt im hellen Schein der Mittagssonne.

Wir parkten vor dem Appartement Nr. 9. In der Garage daneben stand ein staubiger Wagen mit einer Zulassungsnummer aus Tennessee. Die Appartementtür wurde von innen geöffnet, als wir darauf zugingen.

Ein großer, gutgebauter Mann blickte uns entgegen. Er trug Sporthosen und ein T-Shirt.

„Das darf doch nicht wahr sein", sagte er, „die bringen es tatsächlich fertig, zur Polizei zu gehen."

„Sind Sie Richard Royce?" fragte der Sheriff.

„Ja. Ich nehme an, Sie vertreten hier das Gesetz. Kommen Sie rein."

Wir folgten ihm in das Appartement. Es bestand aus einem großen Raum, möbliert mit einem Bett, zwei abgewetzten Stühlen, einer Kommode mit einem angesprungenen Spiegel und einem Ankleideraum im Hintergrund. Daneben lag das Badezimmer. Ein typisches Motel-Appartement.

Royce machte keine Anstalten, uns die Hand zu geben, als wir uns vorstellten. Er bot uns die zwei Stühle an, setzte sich auf den Rand des ungemachten Bettes und steckte sich eine Zigarette an.

„Was haben Sie mit Ihrer Lippe gemacht, Sheriff?“ fragte er. „Sind Sie gegen die Tür gerannt?“

„So was Ähnliches. Was gibt es eigentlich für einen Ärger zwischen Ihnen und den Trents?“

Royce zuckte mit den Schultern. „Kein Ärger bis jetzt.“

„Haben Sie gedroht, Trent umzubringen?“ fragte ich.

Nachdenklich zog Royce an seiner Zigarette. Dann nickte er plötzlich. „Ich will es Ihnen erklären. Darren Trent ist ein gemeiner Dieb. Vornehm ausgedrückt, ein Betrüger. Er hat seine Finger in tausend krummen Geschäften, meistens Grundstücksspekulationen oder Bauverträge. Und immer macht er dabei Gewinne. Na gut, ich kann solche Geschäfte nicht ausstehen, aber er macht sein Geld. Aus diesem Grunde habe ich mich auch an einem Geschäft beteiligt. Wie groß mein Anteil war und woher ich das Geld hatte, ist mein Bier. O. K.? Was ich jedoch nicht wußte, war die Tatsache, daß die Steuerfahndung hinter ihm her war. Zumindestens erfuhr ich es erst, als es zu spät war. Um es kurz zu machen, er raffte alles Bargeld zusammen, das er in seine Finger bekommen konnte, und verschwand. Da ich mein Geld wiederhaben wollte, folgte ich ihm.“

Auf dem Nachttisch standen Glas und Flasche. Royce goß sich einen Drink ein und stürzte ihn hinunter. Er nahm noch einen Zug aus der Zigarette und drückte sie dann aus.

„Die Trents haben das aber anders erzählt", sagte ich.

Royce bleckte seine großen weißen Zähne. „Darauf hätte ich wetten mögen! Aber daran kann man nun mal nichts ändern. Sie sind auf der Flucht über Florida nach Südamerika, und das mit ziemlicher Sicherheit."

Ich fragte erneut: „Haben Sie gedroht, ihn umzubringen?"

Royce zögerte ein wenig. Schließlich sagte er: „Dummes Gerede. Ich habe nur versucht, ihm Angst einzujagen, damit er mir mein Geld zurückgibt. Heute früh dachte ich schon, ich hätte ihn soweit. Er wurde käseweiß, als er mich entdeckte. Aber er trickste mich aus wie immer. Dann muß er sofort zu ihnen gefahren sein, um sein Gift zu verspritzen."

„Wenn er Ärger mit den Behörden hat, warum kommt er dann zu uns?"

„Warum? Na, das ist doch klar. Um mich loszuwerden", sagte Royce. „Zumindest so lange, bis sie aus dem Land verschwunden sind."

Carson stand auf. „Besitzen Sie einen Revolver, Royce?"

„Nein, natürlich nicht." Sein Blick war unsicher.

„Haben Sie etwas dagegen, wenn ich mich hier mal etwas umsehe?"

„Nicht, wenn Sie mir einen Durchsuchungsbefehl zeigen."

Der Sheriff warf mir einen Blick zu. Ich schüttelte leicht den Kopf. Carson setzte sich wieder hin. Royce entspannte sich und schenkte sich noch einen Whisky ein.

„Was war zwischen Ihnen und Mrs. Trent", fragte ich wie aus der Pistole geschossen.

Seine Hand zitterte plötzlich so heftig, daß Whisky auf den

Nachttisch kleckerte. Er mußte die Flasche absetzen. Seine Augen flackerten, als er mich ansah. Dann senkte er den Blick. „Das hat nichts mit der Sache zu tun. Ich will nur mein Geld zurück. Was die Dame betrifft, die schenke ich Trent."

Royce erhob sich, durchquerte den Raum und blieb vor dem Frontfenster stehen. Er starrte nach draußen und ballte die Fäuste. Nach einer Weile drehte er sich wieder um.

„Wo sind sie jetzt?" fragte er. „Ich weiß, daß sie noch immer in der Stadt sind. Sie haben ihr Gepäck heute morgen nicht mitgenommen, als sie wegfuhren."

„Ja, sie sind noch da", sagte ich, „und Sie, Royce, lassen sie in Ruhe. Wenn Sie gegen die beiden etwas vorbringen, schlagen Sie den Rechtsweg ein."

„Der Rechtsweg", Royce lachte bitter, „das ist doch ein Witz."

Carson und ich erhoben uns, um zu gehen. Carson drehte sich an der Tür noch einmal um und sagte warnend: „Sie haben gehört, was der Untersuchungsrichter gesagt hat, Royce. Lassen Sie die Leute in Frieden."

Royce antwortete nicht. Er blieb an der Türe stehen und sah uns nach, wie wir hinaus auf die Bundesstraße kurvten. Er lächelte, aber es sah nicht so aus, als ob er Grund zur Freude hätte.

Auf dem Weg zurück nach Monroe sagte ich: „Das ist eine schöne Bescherung. Nur gut, daß Trent im Gefängnis sitzt. Ich hätte auch nichts dagegen, Royce in eine Zelle zu stecken, zumindest so lange, bis wir Licht in diese dunkle Affäre gebracht haben."

Carson knurrte zustimmend. „Ich setze mich sofort mit der Polizei in Memphis in Verbindung, wenn wir wieder im Gericht sind. Ich würde außerdem gern wissen, wo sich die Frau von Trent zur Zeit gerade aufhält."

Wir brauchten eine Stunde, um die Antwort darauf zu bekommen. In der Zwischenzeit führte Carson ein Ferngespräch mit Memphis. Bei der Polizei dort lag nichts gegen Trent vor, außer, daß er einen sehr schlechten Ruf als Geschäftsmann genoß. Das Vorstrafenregister von Royce dagegen hatte eine Eintragung, aber das versetzte weder mich noch Carson besonders in Erstaunen. Er hatte vor einiger Zeit drei Jahre wegen eines bewaffneten Raubüberfalls abgesessen. Auch hatte man ihn hin und wieder festgenommen, aber er wurde nur einmal rechtskräftig verurteilt. Es bestand außerdem der Verdacht, daß er in mindestens einen Mordfall verwickelt war. Nicht gerade ein angenehmer Zeitgenosse, dieser Royce, aber im Moment lag nichts gegen ihn vor.

„Es sieht so aus, als würden beide Seiten mehr oder weniger die Wahrheit sagen", meinte Carson, nachdem er das Gespräch beendet hatte. „Trent geriet sich mit Royce wegen ein paar Scheinchen in die Haare, und Royce drohte ihm wahrscheinlich an, ihn tüchtig in die Mangel zu nehmen. Ich wünschte nur, sie würden ihre dreckige Auseinandersetzung außerhalb unseres Distrikts austragen."

Ich wollte darüber nicht diskutieren. Wir machten uns auf, um ein verspätetes Mittagessen einzunehmen. Auf dem Wege dorthin stoppten wir kurz beim Polizeirevier. Wir baten den Chef, daß seine Streifenbeamten doch ein Auge auf Jannet

Trent werfen sollten, und, falls man sie finden würde, einen Mann auf sie anzusetzen, der sie nicht aus dem Auge ließ.

Es war kurz vor zwei, als wir ins Gerichtsgebäude zurückkehrten. Ich quälte mich zu meinem Büro im dritten Stock und versuchte, mich mit den Aktenbergen auf meinem Schreibtisch anzufreunden, als das Telefon klingelte. Es war der Sheriff.

„Es dreht sich um Mrs. Trent“, sagte er, „ein Stadtpolizist fand heraus, daß sie im *LaGrande Hotel* war. Dort hat sie von der Halle aus ein Ferngespräch geführt, und Buck Mullins sagte mir, daß sie im Büro angerufen hätte, um mit mir zu sprechen. Das geschah, während wir zum Mittagessen wegwaren. Sie teilte mit, daß der Rechtsanwalt ihres Mannes auf dem Weg hierher sei, und es würde uns noch leid tun, daß wir ihren armen Trent ins Gefängnis gesteckt hätten. Ich weiß allerdings nicht, wo sie jetzt ist.“

„Hoffentlich ist sie schlau genug, sich jetzt nicht in die Nähe des Motels zu begeben.“

„Ja, ich... Moment mal, auf dem anderen Apparat kommt ein Gespräch...“

Einige Augenblicke lang war die Leitung tot. Dann meldete sich Carson wieder. Seine Stimme klang grimmig. „Ferris vom Motel hat gerade angerufen. Es gab eine Schießerei da draußen. Er war zu aufgeregt, um genau sagen zu können, was eigentlich passiert ist. Fahren Sie mit mir raus?“

Und schon war ich auf den Beinen und aus meinem Büro draußen.

Als wir das Motel erreichten, sahen wir weiter hinten schon

einige Leute aufgeregt vor einem Appartement herumzappeln. Carson brachte den Wagen dicht vor ihnen zum Stehen. Wir sprangen raus und bahnten uns den Weg zur offenen Tür des Appartements Nr. 9, das Royce bewohnte.

Ferris, der Motelmanager, stand im Durchgang und wehrte die neugierigen Gaffer ab. Er zitterte am ganzen Leib und brach fast in den Armen des Sheriffs zusammen, als wir aufkreuzten.

„Entsetzlich, überall Blut, ganz entsetzlich“, stieß er hervor.

Ich bemerkte einen großen, schwarzen Sedan, der vor Trents Appartement gleich nebenan geparkt war. Mrs. Trent saß zusammengesunken auf dem Fahrersitz und verbarg ihr Gesicht in beiden Händen.

Deputy Mullins war uns in einem zweiten Wagen gefolgt. Er hielt die Neugierigen zurück, als Carson, Ferris und ich in das Appartement traten. Richard Royce lag auf dem Rücken ausgestreckt am Boden, und seine leeren Augen starrten an die Decke. Ein großer roter Fleck zeichnete sich in Brusthöhe auf seinem weißen T-Shirt ab. Ich trat zu ihm, kniete mich neben ihm nieder und sah dann Carson kopfschüttelnd an.

Royce war tot. Neben seiner ausgestreckten rechten Hand lag eine Pistole. Als ich mich tiefer zu ihm beugte, roch ich deutlich, daß die Pistole vor kurzem abgefeuert worden war.

„Was ist hier vorgefallen?“ fauchte Carson Ferris an.

Der gute Mann trat vor Aufregung von einem Fuß auf den anderen.

„Ich weiß es nicht. Ich hörte die Schüsse, rannte aus meinem

Büro und sah noch, wie Mrs. Trent aus dem Appartement herauskam. Sie sah entsetzlich aus. Man hatte ihr das Kleid von den Schultern gerissen und das Gesicht zerkratzt. O Gott!“

„Hat sie den Mann erschossen?“

„Sicher, sie hielt einen kleinen Revolver in der Hand, den sie mir übergab. Dann ging sie zu ihrem Wagen und setzte sich rein. Sie sprach kein Wort.“

Carson verlangte sofort die Herausgabe der Waffe, worauf Ferris eine 25er Automatik aus seiner Gesäßtasche fummelte und sie uns überreichte. Carson untersuchte den Revolver und sah sich anschließend auf dem Fußboden um.

Sekunden später deutete er auf ein Magazin, das auf der Teppichkante etwa zwischen der Tür und dem Leichnam lag.

„Aus diesem Revolver wurde ein Schuß abgegeben“, sagte er, nachdem er das Magazin der Automatik untersucht hatte. „Und da liegt auch die Patronenhülse.“

„Es fielen aber zwei Schüsse“, sagte Ferris, „ich hab's genau gehört. Alle Leute da draußen haben sie auch gehört.“

Ich deutete auf die Pistole neben der Hand von Royce. „Er muß den anderen Schuß abgegeben haben“, sagte ich.

Ferris jammerte laut. „O mein Gott, möglicherweise wurde die arme Frau verletzt?“

„Das glaube ich kaum“, sagte ich, „sie könnte dann nicht mehr laufen, das ist schließlich eine 38er.“

„Am besten, wir sprechen mit ihr“, sagte Carson und wandte sich der Tür zu. „Ferris, Sie helfen meinem Deputy, die Leute draußenzuhalten.“

Plötzlich blieb Carson stehen und starrte auf das Fenster neben der Tür. Ich folgte seinem Blick und entdeckte ein kleines rundes Loch in der Scheibe, das von Sprüngen umgeben war.

„Hier ist die Kugel von Royce durchgegangen“, sagte ich.

Carson nickte und ging nach draußen. Die Leute blickten uns schweigend an. Während der Sheriff noch einmal stehenblieb, um das Loch im Glas genau zu untersuchen und anschließend den Boden darunter, trat ich an den Wagen der Trents. Inzwischen hatte Carson zwei winzige Glassplitter aufgehoben und sie auf den Fenstersims gelegt. Erst dann kam er zu mir.

Mrs. Trent saß immer noch zusammengesunken in ihrem Wagen, das Gesicht in den Händen verborgen. Ihre Bluse war zerrissen und gab die nackte Schulter frei. Auf ihrer weißen Haut zeichneten sich Kratzspuren ab. Als ich die Tür öffnete, rappelte sie sich hoch und legte ihre Hände in den Schoß. Ihr Gesicht war tränenüberströmt, und ihre Schminke hatte sich aufgelöst.

„Er wollte mich umbringen“, sagte sie mit gequälter Stimme. Tränen kullerten ihr über die Wangen.

Ich rutschte auf den Sitz neben ihr, und Carson lehnte sich in die offene Tür hinter mir.

„Beruhigen Sie sich, Mrs. Trent“, sagte ich, „versuchen Sie uns zu erzählen, was passiert ist.“

Sie schluchzte und benetzte mit der Zunge ihre Lippen. Während sie vor sich hin starrte, wiederholte sie: „Er wollte mich umbringen. Ich ... ich ... ich konnte doch nicht ahnen, daß ich in Gefahr war. Ich hatte doch nur Angst um Darren. Aber nun ...“ Sie preßte ihre Faust auf den Mund.

„Ach, bitte, erzählen Sie uns doch genau, was hier passiert ist“, forderte ich sie freundlich auf.

„Ich führte ein paar Telefonate in der Stadt“, sagte sie. „Dann fuhr ich hier raus, um unser Gepäck zu holen, damit wir ohne Umschweife abfahren könnten, sobald unser Rechtsanwalt Darren aus dem Gefängnis geholt hat. Nichts wie weg aus dieser gräßlichen Stadt.“

Sie krallte ihre Hände ineinander und atmete schwer. Ihre zerrissene Bluse rutschte weiter herunter und gab den Blick auf schwarze Unterwäsche frei. Sie schien es nicht zu bemerken. Carson wurde ungeduldig.

„Ich holte unsere Koffer und verstaute sie im Auto“, fuhr sie fort. „Dann kam er, Richard Royce, aus seinem Appartement. Er war sehr freundlich. Er sagte, er hätte überhaupt nichts gegen mich und lud mich sogar auf einen Drink in sein Appartement ein. Oh, was war ich doch blöd, ich folgte seiner Einladung. Ich hatte die verrückte Idee, daß ich ihn vielleicht dazu bringen könnte, uns endlich in Ruhe zu lassen. Aber kaum waren wir in seinem Zimmer, da rannte er los und zog eine Pistole unter dem Kopfkissen hervor. Dann kam er grinsend auf mich zu, grabschte mit der freien Hand nach mir und schlug mir mit der Pistole ins Gesicht.“ Sie atmete einmal tief durch.

„Und weiter?“ fragte ich.

„Irgendwie konnte ich ihn abwehren. Ich habe geschrien und versuchte, an die Tür zu kommen. Dann schoß er auf mich. Ich besaß einen kleinen Revolver. Darren hatte ihn mir vor längerer Zeit geschenkt. Er war in meiner Handtasche, und ich schaffte es, ihn herauszuziehen. Ich drehte mich um und drückte einmal ab, blindlings, gerade in dem Augenblick, als er auf mich zustürzte. Er... er fiel auf den Boden, und ich stürzte in Panik nach draußen. Das ist alles, woran ich mich noch erinnern kann."

Carson meldete sich zu Wort. „Er hat auf Sie zuerst geschossen, ist das richtig? Nachdem er versucht hatte, tätlich zu werden?"

„Ja", hauchte sie. „Es war wie ein Alptraum..."

Inzwischen war der Krankenwagen aus Monroe eingetroffen, und der amtliche Leichenbeschauer machte sich in Royces Appartement zu schaffen.

Mrs. Trent blickte aus verquollenen Augen zuerst auf mich und dann auf den Sheriff. „Sie", keifte sie, „wenn Sie Darren nicht in das Gefängnis gesteckt hätten, wäre das alles nicht passiert. Sie sind an allem schuld."

„Sie mögen recht haben", sagte Carson mit sanfter Stimme. „Kommen Sie mit, Mrs. Trent, ich möchte Ihnen zeigen, was tatsächlich passiert ist."

„Nein, ich kann da nicht mehr reingehen. Ich kann nicht."

„Ich werde dafür sorgen, daß der Leichnam zugedeckt wird. Folgen Sie mir." Es klang wie ein Befehl.

Langsam und unter Protest kletterte Jannet Trent nach mir aus dem Wagen. Ich warf Carson einen fragenden Blick zu. Er gab mir durch einige Gesten zu verstehen, daß er genau wußte, was er tat. Mir gefiel einiges nicht an der Geschichte, die Mrs. Trent uns da aufgetischt hatte, doch im Augenblick war ich noch nicht in der Lage, den Pferdefuß zu finden.

Carson ging voraus. Mrs. Trent und ich folgten ihm. Sie wankte und ich stützte sie am Arm. Sie zitterte am ganzen Leib.

Die sensationslüsterne Menge drängte nach, um einen Blick auf sie zu erhaschen. Aber Buck Mullins hielt die Leute im Zaum. Ich half ihr über die einzige Stufe, die in das Appartement führte. Mit einem Blick stellte ich befriedigt fest, daß der Leichenbeschauer ein Tuch über die Leiche gebreitet hatte.

„Also", sagte Carson, „Sie sind hier heraus gekommen, Mrs. Trent, Sie packten Ihre Sachen und brachten das Gepäck in Ihren Wagen."

Sie nickte und vermied es, einen Blick auf den zugedeckten Toten am Boden zu werfen.

Carson fuhr in einem unbeteiligten Tonfall fort: „Dann sind Sie zurück in Ihr Appartement gegangen, haben Ihre Kleider zerrissen, Ihre Schultern zerkratzt und sich selbst im Gesicht verletzt..."

„Wie bitte? Was erzählen Sie da?"

Ohne ihren Einwurf zu beachten, fuhr Carson fort: „Und damit waren sämtliche Vorbereitungen getroffen. Sie warteten so lange, bis der Vorplatz leer war. Dann rannten Sie aus Ihrem Appartement. Royce stand am Fenster, und das wußten Sie ganz genau. Sie erschossen ihn durch das Fenster. Er taumelte nach hinten und stürzte zu Boden. Sie hoben die leere Patronenhülse auf, die aus Ihrem Revolver gefallen war.

Dann traten Sie ein, warfen die leere Hülse auf den Boden und suchten Royces Kanone. Sie fanden sie wahrscheinlich unter dem Kopfkissen oder in seiner Tasche und schossen damit durch die offene Tür. Dann drückten Sie ihm seine Pistole kurz in die Hand und ließen sie neben ihm liegen. Dann suchten Sie die winzigen Glassplitter vom Fenster auf und trugen sie nach draußen. Inzwischen stürzten einige Leute aus anderen Appartements, und das paßte genau in Ihren Plan. Alles, was Sie noch zu tun hatten, war, daß Sie die kleinen Glassplitter unter dem Einschußloch verstreuten. Dies alles sollte den Eindruck der Notwehr erwecken."

Jannet Trent brauchte einige Zeit, um sich von diesem Schlag zu erholen.

„Sie sind verrückt!" stieß sie hervor. „Sie können doch nicht... das ist nicht..."

„Ich kann sehr wohl, und so war es auch", unterbrach Carson sie grimmig. „Der Plan war nicht schlecht, den Sie und Ihr Mann sich ausgedacht hatten. Sie hatten mich in Ihren Plan eingebaut, und ich handelte genauso, wie Sie es vorgesehen hatten. Ich steckte ihn ins Gefängnis und verschaffte ihm damit das beste Alibi, während Sie sich um Royce kümmerten. Alle Achtung, ein guter Plan!"

„Sie sind wirklich verrückt!" schrie Mrs. Trent und versuchte sich aus meinem Griff zu befreien. „Es war reine Notwehr!"

„Bedaure, meine Dame", sagte der Sheriff. Er trat an das Fenster und deutete auf das Einschußloch. „Es gibt da eine komische Erscheinung bei Einschüssen in Glasfenstern..."

Ich trat an das Fenster und entdeckte nun, was ihm schon vorher aufgefallen war. Rund um das Einschußloch erhob sich, deutlich sichtbar, ein kleiner Kraterrand und zeigte in die Richtung, in die geschossen worden war – nämlich nach innen.

„Tja“, sagte Carson, „einige Leute nennen das den ‚Kratereffekt‘, und er tritt immer auf der Seite auf, wo die Kugel herauskommt.“

Jannet Trent hielt sich am Türpfosten fest. Sie sah krank aus. Ich beneidete sie nicht, schließlich war sie gerade des Mordes überführt worden.

Der Sheriff trat auf sie zu. „Fahren wir zurück in die Stadt. Ich besorge Ihnen eine hübsche Zelle gleich neben Ihrem Mann. Sie werden sich bestimmt viel zu erzählen haben.“

Hochfrequenz

Maggie Drummond erwachte durch die Unruhe, die sich plötzlich unter den Tieren ausgebreitet hatte. Sie schlüpfte leise aus dem Bett, um ihren Mann nicht zu wecken, der gleichmäßig atmend neben ihr lag. Sie zog eine Jacke über den Pyjama und stieg die Treppe hinunter. An der Tür blieb sie noch einmal stehen und lauschte in die Dunkelheit. Irgend etwas hatte die Tiere erregt, vielleicht ein Landstreicher oder ein fremdes Tier. Deshalb brauchte sie Jack nicht aufzuwekken, mit so etwas war sie früher auch schon fertig geworden. An der Türe schlüpfte sie in ein Paar lehmverschmierte Stiefel. Sie schloß die Jacke bis zum Hals, um sich vor der Kühle des Maimorgens zu schützen und trat durch die Tür. Doch dann kehrte sie noch einmal um und holte aus der Schreibtischschublade vorsorglich die kleine 22er Automatik. Diese Waffe ließ sich gut in der Jackentasche verstauen und reichte aus, um herumstreunende Halbstarke zu verjagen.

Nachdem sie die Tür nur leicht angelehnt hatte, machte sie

sich den Hügel hinunter auf den Weg und überquerte die Gleise vor dem Zoologischen Garten. Sie kannte den Weg schon wie im Schlaf. Obwohl es noch eine Stunde vor Sonnenaufgang war, schien der Mond so hell, daß sie keine Schwierigkeiten hatte, sich im Gelände zu orientieren. Als sie die ersten Freigehege und Käfige erreichte, hatten sich die Tiere schon etwas beruhigt, aber es herrschte noch eine allgemeine Nervosität und Unruhe. Dieses helle Mondlicht erinnerte sie an die zahllosen Nächte, die sie mit Jack auf Safari in Afrika verbracht hatte. Sie sah sich im Geist mit ihm im Versteck an einer Tränke oder einer Falle lauern.

Es gab keine Anzeichen dafür, daß sich ein fremder Eindringling auf dem Gelände aufhielt, und sie hatte eigentlich auch nicht damit gerechnet. Seit die Stadt einen hohen Zaun um den Zoo spendiert hatte und man das Tor bei Einbruch der Dunkelheit abschließen konnte, hatte der gedankenlose Vandalismus einiger junger Leute so gut wie aufgehört. Noch vor einem Jahr waren auf diese Weise drei junge afrikanische Hirsche umgekommen.

Aber irgend etwas mußte die Tiere immer noch erregen.

Sie trat an das Freigehege der Tiger und beugte sich über das Sicherheitsgeländer. Von Rolf war von hier aus nichts zu sehen, vielleicht lag er in seinem Verschlag und schlief. Normalerweise hatte er die Ruhe weg und ließ sich von nächtlichen Geräuschen nicht stören. Ihr fiel ein, daß sie vor neun Jahren in Indien einen Tiger gefangen hatten, der große Ähnlichkeit mit Rolf besaß. Sie hatte damals Todesangst ausgestanden, als ein zweites Exemplar aus der Dunkelheit hinter ihr auftauchte. Jack rettete damals ihr Leben mit einem blitzschnellen Schuß. Seitdem glaubte sie, daß sie einmal durch einen Tiger sterben würde, der sie von hinten anfiele.

Gleich gegenüber standen die Eisbären aufrecht in ihren Boxen und brummten unruhig. Es lief ihr kalt den Rücken hinunter. Eine unbekannte Gefahr lag in der Luft, und die Tiere spürten das. Es mußte etwas sein, das nur Tiere sehen oder spüren konnten.

Als sie hinter sich ein Geräusch hörte, wandte sie sich um – und blickte ihrem „Tiger" ins Gesicht...

Lieutenant Fletcher war bereits am Tatort und blickte über den Zaun nach unten, wo die Fotografen und die Männer von der Spurensicherung sich zu schaffen machten, als Leopold eintraf.

„Was ist eigentlich los?" fragte Leopold und rieb sich die klammen Finger, denn es war immer noch recht kühl für die Jahreszeit.

„Schlechte Nachricht, Captain. Jack Drummond hat seine Frau im Tigergehege gefunden. Sie kennen doch Maggie Drummond?"

„Ich bin ihr mal begegnet", sagte Leopold. Jeder hier in der Stadt und der näheren Umgebung kannte Maggie und Jack Drummond. Sie waren in der Stadt ziemlich populär geworden, seit sie vor drei Jahren die Leitung des Zoos übernommen hatten.

Jack Drummond, ein schlanker, frühzeitig ergrauter Mann in den besten Jahren, galt als einer der besten Tierfänger des

Landes. Maggie, die ihn vor gut zehn Jahren bei Fernsehaufnahmen für einen Dokumentarfilm kennengelernt und kurz darauf geheiratet hatte, war eine strahlende, furchtlose junge Frau, die in New York auf der 5th Avenue genauso zu Hause war wie in einem Jagdlager im Dschungel. Beide galten als absolute Fachleute auf ihrem Gebiet, denn sie hatten die Tiere in ihrer natürlichen Umgebung kennengelernt.

„Sie haben sie aus dem Käfig herausgeholt, aber es war schon zu spät. Man konnte ihr nicht mehr helfen", sagte Fletcher.

„Wann ist das alles passiert?" Leopold ließ seinen Blick über die kleine Gruppe von Neugierigen schweifen, die unnütz herumstanden, und suchte die bekannte weißhaarige Gestalt von Drummond. Aber er entdeckte ihn nicht.

„Kurz vor Sonnenaufgang. Drummond lag noch im Bett und glaubte, einen Schrei gehört zu haben. Als er merkte, daß seine Frau nicht neben ihm lag, stand er auf, um sie zu suchen. Wenig später entdeckte er den Tiger Rolf, wie er ihren Körper in den Klauen hielt."

„Das war bestimmt kein Unfall. Von alleine kann man da nicht runterfallen."

„Sieht ganz so aus, Captain. Eine makabere Art, Selbstmord zu begehen."

„Wenn es Selbstmord war", sagte Leopold und warf einen Blick den Hügel hinunter auf das Haus. „Wo ist der Ehemann?"

„Da oben. Er hat einen Freund angerufen, und der ist jetzt bei ihm."

Leopold überquerte den Schienenstrang und steuerte auf

die Veranda des zweistöckigen weißen Hauses zu, das dem Zoodirektor zur Verfügung stand. Bevor er noch auf die Klingel drücken konnte, öffnete sich die Eingangstür, und ein jugendlich aussehender Brillenträger begrüßte ihn.

„Ich bin Sam Lang, ein Freund der Familie. Kann ich Ihnen behilflich sein?“

„Captain Leopold von der Mordkommission. Ich würde gerne mit Mr. Drummond sprechen.“

„Aber selbstverständlich.“ Lang führte ihn in das stille Haus. Jack Drummond saß am Küchentisch und starrte in ein halbvolles Whiskyglas.

Leopold stellte sich vor und drückte sein Beileid aus.

Jack Drummond löste für kurze Zeit seinen Blick von dem Glas und sagte mit schleppender Stimme: „Es war kein Unfall, man hat sie umgebracht.“

„Natürlich untersuchen wir auch diese Möglichkeit“, sagte Leopold.

„Im letzten Sommer wurden ein paar Hirsche getötet, ehe man den Zaun anbrachte. Es waren ein paar Halbwüchsige, sie kamen mitten in der Nacht und warfen Steine nach den Tieren.“

Leopold räusperte sich. „War Ihre Frau Schlafwandlerin, Mr. Drummond?“

„Nein, nie. Und selbst wenn sie aus Versehen in das Freigehege gestürzt wäre, der Rolf hätte ihr nie etwas getan.“

„Hat man den Tiger getötet?“

„Ich ... nein, ich würde das nie zulassen. Ich habe ihn mit einer Beruhigungsspritze zum Schlafen gebracht.“

„Sehr human von Ihnen“, sagte Leopold, „aber man weiß doch, daß wilde Tiere unberechenbar sind. Dieser Tiger Rolf könnte doch ...“

„Nein, niemals. Ich habe oft zugesehen, wenn Maggie mit ihm während der Fütterung spielte. Er ist ein großes Baby.“

„Wie kam es, daß sie mitten in der Nacht da runtergegangen ist?“

„Sie hat das öfter gemacht, wenn die Tiere unruhig waren. Und seit die Hirsche im letzten Sommer umgebracht wurden, besaß sie eine Pistole, die sie im Schreibtisch unweit der Tür aufbewahrte. Wenn einer von uns während der Nacht nach unten ging, nahm er die Pistole mit.“

„Es ist gewiß keine typische Frauenarbeit. Warum hat sie Sie nicht aufgeweckt, als die Tiere unruhig wurden?“

Drummond seufzte, nahm seine Brille ab, putzte sie und legte sie vor sich auf den Tisch.

Sam Lang antwortete für ihn. „Maggie war absolut furchtlos, Captain. Jack erzählte oft von gemeinsamen Abenteuern in Afrika und Indien. Ohne mit der Wimper zu zucken, trat sie beispielsweise einem angreifenden Elefanten entgegen. Im Vergleich dazu war der nächtliche Ausflug zu den Tieren für sie eine Kleinigkeit.“

„Und Sie glauben, daß jemand dort auf sie gelauert hat?“

„Ihr ganz privater Tiger“, murmelte Drummond.

„Wer, bitte?“

„Vor einigen Jahren wurde sie in Indien von hinten von einem Tiger angegriffen. Ich glaube, das war das einzige Mal in meinem Leben, daß ich sie in Panik erlebte. Einige Tage nach diesem Vorfall erzählte sie mir von einem Traum. Darin kam ein ganz persönlicher Tiger vor, der ihr eines Tages den Tod bringen würde."

Leopold hielt nicht viel von mystischen Ereignissen, dazu war er viel zu nüchtern. „Wer könnte ein Motiv gehabt haben, Ihre Frau umzubringen, Mr. Drummond?" fragte er.

„Maggie umzubringen ... Niemand."

„Aus meiner Erfahrung weiß ich, daß es für jeden Menschen ein paar Leute gibt, die ein Motiv haben, ihn umzubringen. Im Falle einer verheirateten Frau ist ihr Mann immer der Hauptverdächtige."

Sam Lang wurde wütend. „Das ist doch wohl kaum der richtige Zeitpunkt und der richtige Ort für derartige Erwägungen. Schließlich wurde seine Frau heute ermordet!"

Jack Drummond hob beschwörend die Hand. Er benetzte seine trockenen Lippen, fuhr sich nervös mit den Fingern durch die dichten, grauen Haare und goß sich noch einen Drink ein.

„Captain, heute kann man sich so leicht scheiden lassen, daß ein Mord absolut unsinnig wäre. Ich liebte Maggie. Ich habe ihr einst das Leben gerettet und würde es jederzeit wieder tun. Wenn sie wirklich umgebracht wurde, dann kann es nur eine Bande von Rowdys gewesen sein, die die Tiere quälen wollten."

„Aber es gibt doch inzwischen den Zaun", warf Leopold ein.

„Für diese Halbstarken bedeutet ein Zaun kein Hindernis."

„Aber es erscheint doch reichlich unwahrscheinlich, daß

diese Typen um fünf Uhr morgens auftauchen", warf Sam Lang ein. „Ich wohne nur eine Straße weiter und habe auch die Tiere gehört. Das war zwar außergewöhnlich, aber ich habe mich umgedreht und weitergeschlafen."

„Haben Sie einen Schrei gehört?"

„Nein, nur die Tiere."

„Ja, das wär's", sagte Leopold. „Vielen Dank für die Zeit, die Sie mir geopfert haben, Mr. Drummond. Ich bedauere den Vorfall zutiefst."

Er verließ die beiden und ging wieder den Hügel hinunter. Fletcher und die anderen waren gerade mit ihrer Arbeit fertig geworden.

„Der Arzt hat sich die Leiche angesehen, und er sagt, er hätte nur ein paar harmlose Kratzwunden von den Klauen des Tigers gefunden", berichtete Fletcher.

„Woran ist sie dann gestorben?"

„Er meint, eine Stichwunde hat den Tod verursacht. Er glaubt, daß sie schon tot war, als man sie in das Tigergehege hinunterwarf. Aber das müssen wir noch genauer untersuchen."

„Dann ist es also doch Mord", sagte Leopold mit ruhiger Stimme. Er hatte es nie bezweifelt.

Die Polizeibeamtin Connie Trent servierte Leopold seinen Nachmittagskaffee, als das Telefon klingelte. Der Gerichtsmediziner gab das offizielle Untersuchungsergebnis durch: Maggie Drummond war durch einen tiefen Stich durch den Brustkorb direkt ins Herz getötet worden.

„Dann muß sie ihren Mörder gesehen haben“, sagte Leopold.
„Es sieht fast so aus, falls der Mörder sie nicht von hinten gepackt hat.“
„Okay. Danke, Doktor.“
„Handelt es sich um den Mord im Zoo?“ fragte Connie und stellte ihm seinen Kaffee auf den Tisch.
Leopold nickte. „Was wissen Sie von Maggie Drummond?
„Als Frau bewunderte ich sie. Sie war bereits emanzipiert, als andere Leute das Wort noch gar nicht kannten. Kaum über zwanzig drehte sie schon Dokumentarfilme fürs Fernsehen, dann heiratete sie einen berühmten Tierforscher und begleitete ihn auf seinen Reisen in die entferntesten Ecken der Welt. Die Übernahme des Zoos hier muß eine große Umstellung gewesen sein, aber sie hat es fabelhaft gemeistert. Sie besaß das gewisse Etwas, den Charme, der auf dem Bildschirm ankommt. Sie moderierte Sendungen über Tiere in Boston und New York und war dem breiten Publikum wahrscheinlich besser bekannt als ihr Mann.“
„Wäre das ein Grund für ihn, sie umzubringen?“
„Wohl kaum, es sei denn, er ist verrückt.“
„Er macht einen ganz normalen Eindruck“, antwortete Leopold. „Ich schlage vor, Sie sehen ihn sich mal näher an, vielleicht kriegen Sie was Neues raus. Hat er sich mit anderen Frauen abgegeben, oder gibt es irgendwelchen Klatsch in der Richtung?“
„Ich krieg immer die tollsten Aufträge, was, Captain? Während Sie und Fletcher sich mit Drogen- und Sexualverge-

hen beschäftigen, darf ich die Klatschspalten lesen."

Leopold kicherte und schlürfte seinen Kaffee, der wie an jedem Nachmittag besonders dünn ausgefallen war.

„Ich weiß, möglicherweise ist es Zeitverschwendung. Es sieht eigentlich mehr so aus, als hätten irgendwelche Halbwüchsigen sie umgebracht, die sie davon abhalten wollte, die Tiere zu quälen. Aber wir müssen jedem Verdacht nachgehen."

Fletcher traf mit einem großen, braunen Umschlag ein.

„Hallo, Connie, wie geht's?"

„Gut! Was ist da drin?"

„Der Inhalt von Maggie Drummonds Taschen."

„Ich dachte, sie hätte einen Pyjama angehabt?"

„Schon, aber sie hatte eine Jacke darübergezogen", erklärte Leopold. Er sah aufmerksam zu, wie Fletcher den Inhalt des Umschlags auf den Tisch leerte.

„Wurde aus dieser 22er Automatik geschossen?" fragte Leopold.

Fletcher schüttelte den Kopf. „Sieht so aus, als hätte sie das Ding gar nicht mehr aus ihrer Tasche herausbekommen. Maggie hat keine großen Schätze bei sich gehabt: ein zusammengeknülltes Taschentuch, ein zusammengefalteter Zettel und eine angebrochene Packung Zigaretten."

„Vielleicht steht auf dem Zettel eine wichtige Nachricht", meinte Connie und deutete auf das Stück Papier. Da sie noch nicht lange im Polizeidienst war, besaß sie noch ausreichend Phantasie.

„Vielleicht vom Milchmann", spottete Fletcher.

„Keineswegs, hört euch das mal an: *Maggie, ich muß Sie unbedingt sehen. Wir treffen uns um fünf an der üblichen Stelle.* Eine Unterschrift fehlt."

„Derjenige, der eine solche Nachricht nicht unterschreibt, mußte sehr intim mit ihr gewesen sein", bemerkte Leopold. „Also, Connie, es liegt an Ihnen, machen Sie sich an die Arbeit."

„Wurde sie nicht gegen fünf Uhr früh umgebracht?" Der Auftrag, den Connie soeben erhalten hatte, schien ihren Geist zu beflügeln. „Könnte diese Nachricht nicht letztlich ihren Tod verursacht haben?"

„Das ist nicht gesagt, der Zettel kann schon seit Wochen in ihrer Tasche gesteckt haben", erwiderte Leopold. „Wenn Sie zum Beispiel eine solche Nachricht, sich um fünf Uhr zu treffen, hinterlassen, ohne Angaben über heute, morgen, früh oder abend, dann werden Sie gewiß den Nachmittag des gleichen Tages meinen. Vorausgesetzt, daß die Nachricht per Post oder privat an einem entsprechenden Tag übergeben wurde, dann hätte der Absender ausdrücklich hervorheben müssen, daß das Treffen am kommenden Morgen stattfinden soll."

„Kann sein, kann nicht sein", meinte Connie und verließ den Raum. Leopold rief ihr nach: „Viel Glück! Und versuchen Sie, soviel wie möglich herauszufinden!"

Als sie verschwunden war, sagte Fletcher: „Die Kleine ist sehr ehrgeizig. Ich wette, sie taucht hier nicht wieder auf, ehe sie nicht was rausbekommen hat."

Leopold erhob sich.

„Gehen Sie auch weg?"

Leopold nickte. „Ja, wieder zurück zum Zoo."

Zunächst hatte man vorgehabt, den Zoo an diesem Tag zu schließen. Aber Jack Drummond bestand darauf, daß er ab Mittag wieder geöffnet wurde. Inzwischen hatte die Sonne dafür gesorgt, daß aus dem kalten Maimorgen ein frühlingshaft warmer Nachmittag geworden war. Im herrlichen Sonnenschein spazierten Schulkinder und einige neugierige Erwachsene durch den Tiergarten. Vor dem Tigergehege standen mehrere Leute herum und starrten Löcher in die Gegend. Leopold mischte sich unter sie.

Drummond war nirgendwo zu sehen. Ein älterer Mann in grünem Drillich fütterte die Seelöwen.

„Normalerweise ist das hier weit und breit die größte Attraktion", stellte er fest. „Aber heute wollen alle den Platz sehn, an dem sie umgekommen ist!"

„Ich bin Captain Leopold und untersuche den Fall. Darf ich Ihnen ein paar Fragen stellen?"

Der Mann warf den Seelöwen noch ein paar Fische zu. „Aber bitte, fragen Sie, was Sie wollen. Mein Name ist übrigens Robby Blake. Ich arbeite seit siebzehn Jahren hier. Schon lange bevor die Drummonds das Ganze hier übernommen haben."

„Kamen Sie mit ihnen zurecht?"

Blake brummte vor sich hin und fuhr fort, die Seelöwen zu füttern.

„Ganz gut. Zumindest, solange ich meinen Mund gehalten

habe. Sie hatten sehr ausgefallene Ideen: Pastellfarbene Käfigwände, Musikberieselung der Tiere und so was!"

Es war das erste Mal, daß Leopold auf die sanfte Musik aufmerksam wurde, die über das Lautsprechersystem des Zoos ausgestrahlt wurde.

„Ich habe sie mal gefragt, was die Musik bezwecken soll. Sie sagte nur, daß das beruhigend auf die Tiere einwirkt."

„Hatten Sie in letzter Zeit irgendwelchen Ärger mit Halbstarken?"

„Kaum, seit der Zaun angebracht wurde."

„Der Zaun umgibt das Zoogelände und das Haus der Drummonds auf dem Hügel?"

„Genau!"

„Wie ist das mit dem Bahngeleise? Da muß doch irgendwo ein Durchlaß sein?"

„Sicher. Das Gleis wird praktisch nicht mehr benutzt. Es ist durch ein Tor versperrt."

„Wohnen Sie auf dem Gelände hier?"

„Ich? Nicht, solange ich lebe! Der Umgang mit den Tieren tagsüber reicht mir. Bei anderen Tiergärten haben sie Nachtwächter. Aber nachdem die Drummonds hier auf dem Hügel wohnen, können wir uns die Ausgabe wirklich sparen."

Leopold bedankte sich und setzte seinen Rundgang fort. Er wandte sich dem Bahngeleise zu und marschierte daran entlang bis zu der Stelle, wo ein großes Tor im Zaun den Schienenstrang von der Außenwelt trennte. Falls jemals ein Vorhängeschloß hier angebracht war, jetzt fehlte es. Das Tor war nicht verschlossen. Nur ein Riegel hielt es zu.

Er ging wieder zurück zu dem Zoogelände und gelangte am Eisbärengehege vorbei zum Tigerkäfig. Die meisten Zuschauer waren inzwischen verschwunden. Rolf lag bewegungslos in der Sonne. Möglich, daß die Beruhigungsspritze noch immer nachwirkte. Alle Tiere im Zoo, so empfand es Leopold, schienen jetzt den Atem anzuhalten, als ob sie etwas Ungewisses erwarteten. Plötzlich und unvermittelt setzte eine unerklärliche Unruhe ein. Einige Tiere begannen jämmerlich zu heulen. Das steckte alle anderen an, und im Nu breitete sich ein allgemeines Grunzen, Krächzen, Bellen und Heulen aus.

Leopold sah Robby Blake aus dem Verwaltungsgebäude des Zoos treten.

„Was ist in die Tiere gefahren, Blake?" rief er ihm zu.

„Verdammt und zugenäht! Ich weiß es auch nicht!" antwortete Blake. Er wandte sich um und verschwand wieder im Haus. Leopold starrte in das Tigergehege und blickte in die goldgelben Augen von Rolf. Die große Bestie ließ ein tiefes Grollen ertönen, und es hörte sich an, als antwortete sie auf die Schreie der anderen Tiere. Leopold wandte sich ab. Nein, das war nicht der reißende Tiger, den er verfolgte. Der, den er suchte, der trieb sich irgendwo in der Stadt herum. Und es wurde höchste Zeit, daß man ihn aufspürte.

Fletcher hielt neue Nachrichten bereit, als Leopold sein Büro betrat. „Zuerst mal, Captain, habe ich mich mit einigen Nachbarn unterhalten, die unmittelbar neben dem Tiergarten wohnen! Vier von den Befragten sind durch die plötzliche

Unruhe unter den Tieren aufgewacht. Zwei haben sogar die Zeit festgestellt. Es war kurz vor fünf."

„Das bestätigt, was Sam Lang aussagte. Es ist durchaus denkbar, daß ein Fremder die Unruhe ausgelöst hat. Er konnte sich Zugang durch das unverschlossene Tor am Eisenbahngleis verschaffen."

Fletcher fuhr fort: „Ich habe dann einen jungen Burschen namens Mike Ragovitch aufgetrieben. Er ist gerade achtzehn und auf Bewährung freigelassen. Man hat ihn wegen der umgebrachten Hirsche im vergangenen Jahr verurteilt. Wollen Sie ihn sehen?"

Leopold folgte Fletcher in den Zellentrakt. Ragovitch war ein langhaariger, widerspenstiger Typ, der nicht aufblickte und nur zu Boden starrte, als Leopold ihn ansprach.

„Ich habe nichts getan", knurrte er.

„Wo waren Sie heute früh um fünf?"

„In meinem Bett."

„Leben Sie allein?"

„Klar. Mein Alter hat mich rausgeschmissen nach dem Ärger letztes Jahr."

„Dann können Sie uns also nicht glaubhaft nachweisen, wo Sie heute früh um fünf Uhr waren?"

„Muß ich das denn?"

„Im Zoo wurde jemand umgebracht."

„Ich hab davon in den Nachrichten gehört."

„Waren Sie's, Mike?"

„Zum Teufel, nein!" Er blickte wütend auf. „Halten Sie mich deshalb hier fest? Ich verlange einen Rechtsanwalt."

„Niemand wirft Ihnen irgend etwas vor. Wir haben Sie nur hierhergeholt, damit Sie uns einige Fragen beantworten. Besitzen Sie ein Messer, Mike?“

Ragovitch schüttelte den Kopf. „Ich sage nichts mehr ohne Rechtsanwalt. Sie dürfen mich hier nicht weiter festhalten.“

Leopold seufzte. Fletcher und er begaben sich zurück in das Büro. „Quetsch ihn noch 'ne Stunde aus und dann laß ihn frei, Fletcher, wenn nichts dabei rauskommt. Ich nehme an, er ist sauber.“

„Und was machen wir jetzt, Captain?“

Leopold schob leicht frustriert die Akten auf seinem Tisch hin und her. „Ich weiß es nicht. Es gibt nur zwei Möglichkeiten. Entweder wurde sie zufällig von einem Fremden umgebracht, oder jemand hatte es speziell auf sie abgesehen. Wenn wir wüßten, welche von diesen Möglichkeiten hier zutrifft, wären wir schon ein ganzes Stück weiter.“

„Es gibt aber keine Anzeichen für irgendwelchen Vandalismus im Zoo, Captain.“

„Ich weiß, und trotzdem hat irgend etwas diese Tiere aufgeschreckt. Sollen wir plötzlich an Geister glauben, Fletcher?“

Am folgenden Morgen war es die Polizeibeamtin Connie Trent, die eine erste brauchbare Spur fand. Sie hatte die Freunde der Toten ausgefragt, die zum Großteil den besseren Kreisen der Stadt angehörten. Da waren die Mitglieder und Freunde der Zoologischen Gesellschaft sowie die Mitglieder des Yachtclubs, in den die Drummonds eingetreten waren, als sie damals in die Stadt kamen. Nur bei Sarah Peacock, der engsten Freundin von Maggie, brachte sie das Gespräch auf die Ehe der beiden.

„Waren Maggie und Jack Drummond eigentlich glücklich verheiratet?“

Sarah Peacock war eine schlanke, fast knabenhafte Frau um Mitte dreißig und nahm kein Blatt vor den Mund.

„Ob sie glücklich waren? Jack war es auf jeden Fall. Er verehrte sie, und offensichtlich betete sie ihn an. Ich glaube, ich habe diese Geschichte mit der Lebensrettung mehr als ein dutzendmal gehört.“

„Sie sind also der Meinung, daß Jack keine Seitensprünge machen würde.“

„Um Himmels willen, nein. Er ist so gradlinig, wie man nur sein kann. Er könnte höchstens mal ein Auge auf ein Lama im Zoo werfen. Ich habe ihn damit immer auf den Arm genommen und gesagt, daß die Tiere Maggies einzige Rivalen wären.“ Sie wurde verlegen. „Ich glaube, ich werde ihn wegen der Tiere nie wieder aufziehen.“

„Ich hoffe, Sie haben Verständnis dafür, daß wir jeder Spur nachgehen müssen. Eine Geliebte könnte ja schließlich ein Interesse an Maggies Tod gehabt haben. Aber nachdem sie beide so gradlinig sind ...“

„Ich habe nicht gesagt, beide, meine Liebe!“

„Sie glauben, Maggie Drummond hatte einen Liebhaber?“

„Ich würde es nicht so kraß ausdrücken“, sagte Sarah Peacock abschwächend. „Aber sie hatte einen sehr guten Freund, einen guten Freund männlichen Geschlechts.“

„Können Sie mir seinen Namen nennen?"

Die junge Frau zögerte nur einen Augenblick. Dann sagte sie mit Achselzucken: „Ja, warum eigentlich nicht? Es handelt sich um Sam Lang."

Captain Leopold hatte sich zurückgelehnt und lauschte Connies Bericht. Als sie geendet hatte, sagte er: „Ich habe Sam Lang gestern kurz in Drummonds Haus gesehen. Er ist ein Freund der Familie und wohnt ganz in der Nähe. Vielleicht erklärt das die Nachricht in Maggie Drummonds Tasche."

„Soll ich ihn mir mal näher ansehen?"

Leopold wollte gerade etwas antworten, als Fletcher seinen Kopf zur Tür hereinsteckte.

„Jack Drummond ist hier, Captain. Er sagt, er muß Sie sprechen."

„Schicken Sie ihn rein."

Drummond trat nach kurzer Zeit ein. Er wirkte gehetzt. Ohne sich um Connie zu kümmern, drückte er Leopold einen mit Druckbuchstaben beklebten Zettel in die Hand. „Das hier kam mit der Morgenpost."

Leopold las laut vor: „Ich weiß, Sie haben Ihre Frau umgebracht. Sie bekommen das Beweismaterial gegen Zahlung von 10000 Dollar. Warten sie auf einen Anruf heute nachmittag um drei." Natürlich fehlte jede Unterschrift.

„Wer mag der Absender sein?"

„Wahrscheinlich der Mörder selbst", meinte Drummond.

„Das halte ich nicht für wahrscheinlich."

„Was soll ich tun?"

„Gehen Sie um drei Uhr ans Telefon. Wir werden auch dasein."

Als Drummond wieder gegangen war, wandte sich Leopold an Connie. „Mag sein, daß das jetzt die große Wende bringt, die wir brauchen. Wir können zwar zwischen diesem Schreiben und der Notiz in Maggie Drummonds Tasche noch keine Verbindung herstellen, aber noch besteht die Möglichkeit, daß Sam Lang in die Sache verwickelt ist. Rufen Sie ihn unter irgendeinem Vorwand um drei in seinem Büro an."

Leopold und Fletcher saßen den ganzen Nachmittag im Haus auf dem Hügel und warteten, daß Jack Drummonds Telefon klingelte. Fletcher hatte alle Vorbereitungen getroffen, um den Anrufer mit einer Fangschaltung zu erwischen. Sie wußten allerdings auch, daß ihre Chancen bei einem kurzen Gespräch nur gering waren.

Um zehn Minuten nach drei meinte Fletcher: „Das Ganze war ein Windei, Captain, nichts wird passieren."

„Wir werden's ja sehen."

Um Viertel nach drei klingelte das Telefon. Hastig nahm Drummond ab und meldete sich.

Leopold drückte den zweiten Hörer ans Ohr und hörte eine dumpfe Stimme sagen: „Sie haben Ihre Frau umgebracht, Drummond!"

„Nein, das habe ich nicht. Wer spricht da?"

„Ich kann es beweisen. Das Corpus delicti liegt direkt vor mir."

Trotz des dumpfen und muffigen Klangs kam Leopold die Stimme irgendwie bekannt vor. Aber da Drummond in dieser

Hinsicht nicht reagierte, behielt er seine Feststellung für sich.
„Wieviel wollen Sie haben?" fragte Drummond und warf Leopold einen Blick zu.
„Das steht bereits in meinem Brief. Zehntausend."
„Und wo?"
„Im Abfalleimer vor dem Eingang zum Zoo. Hinterlegen Sie es dort noch heute nachmittag."
„Moment mal, ich kriege heute nachmittag kein Geld mehr, die Banken sind schon geschlossen."
„Dann eben morgen früh. Stecken Sie das Geld in eine leere Popcorn-Schachtel und werfen Sie es um elf in den Abfalleimer. Verlassen Sie sofort den Platz und kehren Sie zu Ihrem Haus zurück."
„In Ordnung."
„Sobald ich das Geld habe, hinterlasse ich eine andere Popcorn-Schachtel mit dem Beweismaterial. Nach ein Uhr können Sie es jederzeit abholen."
„Gut", sagte Drummond.
In diesem Moment wurde die Verbindung unterbrochen.
Fletcher amüsierte sich. „Der Kerl muß ein echter Amateur sein. Man stelle sich vor, eine derartige aufwendige Umtauschaktion am hellichten Tag in einer öffentlichen Anlage. Wir können ein Dutzend Leute verstecken, die diesen Abfalleimer beobachten."
„Er ist entweder verblödet oder besonders clever", sagte Leopold. „Noch wissen wir nicht, was von beiden zutrifft."
„Werden Sie einige Leute ansetzen, die den Abfalleimer beobachten?" fragte Drummond.

„Nur einen“, antwortete Leopold, nachdem er einen Augenblick nachgedacht hatte.

Am nächsten Morgen um halb elf sah man Connie Trent keine hundert Meter vom Eingang des Zoologischen Garten entfernt, mit einem Buch in der Hand, ausgestreckt auf einem großen Badetuch im Gras liegen. Sie hätte sich bei diesen Maitemperaturen von knapp 15 Grad bestimmt nicht freiwillig zum Sonnen in den Park gelegt. Aber mit Pullover und Jeans ließ es sich schon aushalten.

Das Ganze war Leopolds Idee gewesen, nachdem sie ihm berichtet hatte, daß Sam Lang den ganzen Nachmittag, auch um die kritische Zeit um drei Uhr herum, in seiner Anwaltskanzlei in einer Konferenz gewesen war. Es war ihr nicht gelungen, ihn zu Gesicht zu bekommen oder festzustellen, ob die Konferenz wirklich stattfand. Leider konnte sie auch Sarah Peacocks Geschichte über Lang und Maggie Drummond nicht überprüfen.

„Ich bin eine Niete, Captain“, hatte sie traurig gesagt.

Aber Leopold war in versöhnlicher Stimmung. „Vielleicht können Sie es morgen schon wiedergutmachen. Wie würde Ihnen ein Frühlingsmorgen im Park gefallen?“

Und nun lag sie dort auf dem Badetuch mit einem Buch in der Hand und der 38er-Special in ihrer Handtasche. Sie hatte einen wunderschönen Blick auf den Abfalleimer neben dem Eingang.

Um elf tauchte Jack Drummond auf. Er trug eine Popcorn-Schachtel in der Hand und ließ sie wie beiläufig in den grünen

Eimer fallen. Eine Stunde verstrich, ohne daß sich jemand dem Abfalleimer näherte. Die wenigen Leute, die an diesem Morgen den Zoo besuchen wollten, würdigten den Abfallkorb nicht mal eines Blickes.

Kurz nach zwölf näherte sich ein Junge auf einem Fahrrad. Er hatte eine Popcorn-Schachtel von der gleichen Marke bei sich, die auch Drummond benutzt hatte. Der Junge hielt kurz an, warf einen Blick in den Abfallkorb und wechselte schnell die Schachteln aus. Connie griff nach dem kleinen Sprechfunkgerät in ihrer Handtasche.

„Ein Knabe auf einem Fahrrad hat sich das Geld geholt. Soll ich ihn festhalten?"

„Nein, wir werden ihn verfolgen", tönte Leopolds Stimme krächzend aus dem Lautsprecher. „Nehmen Sie mit, was er hinterlegt hat, aber seien Sie vorsichtig."

Als der Junge davonradelte, erhob sie sich unauffällig, streckte sich und marschierte mit einem zerknüllten Papiertaschentuch auf den Abfalleimer zu. Die Popcorn-Schachtel lag obenauf. Sie zog sie heraus, öffnete sie und hielt eine kleine Tonbandspule in der Hand. Sonst war nichts in der Schachtel. Leopold hatte ihr aufgetragen, vorsichtig zu sein. Man konnte nie wissen, vielleicht befand sich in dem Karton eine Bombe?

Nun entdeckte sie den Polizeiwagen, der den Weg zum Tor heraufkam. Fletcher saß am Steuer.

„Steigen Sie ein", sagte er. „Der Captain ist hinter dem Jungen her."

„Ich habe ein Tonband gefunden."

„Sie sollten den Karton nicht öffnen, bevor ich hier eintreffe", knurrte Fletcher.

„Glaubten Sie denn, daß eine Bombe drin wäre?"

„Irgend jemand hat Maggie Drummond umgebracht. Kann doch sein, daß dieser Jemand auch hinter dem Mann her ist."

Er beschleunigte den Wagen und schaltete das Funkgerät ein. Leopolds Stimme war deutlich zu hören: „Ich habe den Jungen im Verkehrsgewühl verloren. Er ist mit dem Fahrrad viel schneller."

„Können wir nicht einen Motorradfahrer einsetzen?"

„Habe ich schon angefordert, wir müssen ihn unbedingt erwischen!"

Fletcher fluchte leise vor sich hin. „Wir haben ja nicht mit einer längeren Verfolgungsjagd gerechnet, sonst hätten wir eine ‚Wanze' eingebaut – Sie wissen schon, so einen Mini-Sender."

Connie schwieg, bis sie ein paar Häuserblocks weiter auf Captain Leopolds Wagen stießen. Da war auch der Junge, umringt von Leopold und drei uniformierten Polizisten. Er machte einen völlig verstörten Eindruck. „Ich weiß überhaupt nichts", betonte er. „Ein fremder Kerl hat mich dafür bezahlt."

„Was für ein Kerl?" fragte Leopold.

„Ich kannte ihn nicht."

„Wo hast du ihn getroffen?"

„Er hat mich auf der Straße angesprochen, dort vorne, am Ende dieses Häuserblocks."

„Und du solltest ihm diese Schachtel dorthin bringen?"

„Klar. Er gab mir fünf Mäuse und hat mir noch einmal fünf versprochen."

Leopold wandte sich an Connie. „Gehen Sie mit ihm. Es ist wahrscheinlich schon zu spät, aber vielleicht hängt der Kerl noch immer hier herum."

Am vereinbarten Treffpunkt war jedoch niemand. Auch innerhalb der nächsten halben Stunde tauchte niemand auf. Wer immer mit dem Jungen verabredet gewesen war, die Angst hatte ihn jetzt sicherlich vertrieben.

Captain Leopold spielte das Band zum zweitenmal ab und starrte verständnislos auf das Gerät.

„Haben Sie gehört, was ich gehört habe, Fletcher?"

„Allerdings, Captain. Nichts. Ein großes dickes Nichts. Das Band ist leer."

„Ich habe beide Seiten abgespielt, vor und zurück, es ist nichts drauf."

„Sieht so aus, als hätten wir es bei unserem Anrufer mit einem Betrüger zu tun. Womöglich ist das eine neue Masche: Man geht die Todesanzeigen in den Zeitungen durch und ruft dann jeden an, dessen Ehefrau gestorben ist, und sagt: ‚Ich weiß, daß Sie sie umgebracht haben.' Wer weiß, vielleicht bringt das viel Geld ein?"

„Auf jeden Fall wäre er mit den Papierschnitzeln, die wir ihm zugespielt haben, nicht reich geworden."

Connie trat zu ihnen. „Der Junge hat mir seinen Auftraggeber beschrieben, das könnte was wert sein, Captain: Älterer Mann, weißhaarig, ein bißchen schäbig."

„Zu mehr hat es nicht gereicht?“

„Das war alles.“

Leopold griff zum Telefon und wählte die Nummer von Jack Drummond. Als Drummond den Hörer abnahm, meldete er sich: „Hier ist Leopold.“

„Ich habe auf Ihren Anruf gewartet. Haben Sie ihn erwischt?“

„Leider nicht. Er hat einen Jungen geschickt, der das Geld holen sollte. Wir haben zwar eine Beschreibung von ihm, aber die ist nicht besonders gut.“

„Hat er irgend etwas hinterlassen?“

„Ein Tonband.“

„Ist da irgend etwas drauf?“

„Nein, überhaupt nichts. Das Ganze sieht mir sehr nach einem großangelegten Schwindel aus.“

„Dann sind Sie also nicht damit weitergekommen, den Mörder von Maggie zu finden?“

„Wir haben noch ein paar andere Spuren...“ antwortete Leopold vage. „Übrigens, Mr. Drummond: ich an Ihrer Stelle wäre sehr vorsichtig in nächster Zeit. Es ist möglich, daß der Mörder auch hinter Ihnen her ist.“

„Machen Sie sich keine Sorgen. Ich schlafe zur Zeit mit einem Revolver unter dem Kopfkissen.“

„Gut“, sagte Leopold, „wir bleiben in Verbindung“ und hängte auf.

Während Fletcher und Connie noch darüber diskutierten, wer den Kaffee holen sollte, starrte Leopold aus dem Fenster auf den sonnenüberfluteten Parkplatz. Es war wieder Frühling in der Stadt. Ein großer schwarzer Hund sprang gerade laut kläffend aus einem Auto, ohne auf die Zurufe seines Herrn zu achten. Da hatte Leopold eine Idee. Er beobachtete den Hund eine Zeitlang und wandte sich dann an Fletcher.

„Sehen Sie den Hund dort unten?"

„Den schwarzen? Natürlich, Captain."

„Holen Sie ihn mir."

„Ihn holen?" Fletcher starrte Leopold verständnislos an.

„Ja, bringen Sie ihn hier herauf."

„Hierher, in Ihr Büro?"

„Ganz recht. Schnell, bevor er weg ist!"

„Captain, geht es Ihnen auch wirklich gut?"

„Es ging mir noch nie besser, Fletcher. Holen Sie mir den Hund!"

Jack Drummond erwachte. In der Ferne hörte er die unruhigen Laute der Tiere im Zoo. Er warf einen Blick auf seinen Wecker und stellte fest, daß es noch nicht einmal zwei Uhr war. Hastig streifte er eine Jacke über den Schlafanzug und griff nach seinem 32er Revolver unter dem Kopfkissen. Am Eingang schlüpfte er in seine Schuhe, knöpfte die Jacke zu und setzte sich in Bewegung.

Als er am Fuß des Hügels angelangt war, hielt er Ausschau nach fremden Eindringlingen. Aber es war niemand zu sehen, und er hatte eigentlich auch nicht damit gerechnet. Die Tiere allerdings hatten sich noch immer nicht wieder beruhigt.

Als er am Tigergehege vorbeikam, warf er einen Blick in das dunkle Rund. Er versuchte Rolf auszumachen, doch er konnte ihn nicht entdecken. Wahrscheinlich lag er in seinem Verschlag und schlief. Drummond erinnerte sich daran, daß Tiger für Maggie immer viel bedeutet hatten. Der Tiger, so hatte sie ihm einmal erklärt, war für sie das Symbol des Todes.

Mit tiefen Zügen sog er die frische Nachtluft ein. Die Wölfe bellten den Mond an, und die Eisbären zockelten ruhelos in ihrem Käfig hin und her. All dies störte ihn aber nicht. Im Gegenteil, es schien ihn zu beruhigen. Zum ersten Mal seit Tagen fühlte er sich zufrieden und ausgeglichen.

Doch plötzlich war da ein Geräusch hinter seinem Rücken. Er drehte sich um und sah seinem „Tiger" in die Augen.

Und das war Captain Leopold.

„Sie sind festgenommen, Mr. Drummond. Ich beschuldige Sie des Mordes an Ihrer Ehefrau!"

Drummond nickte nur und ließ den Revolver aus seinen Fingern gleiten. „Okay", sagte er, „es ist vorbei, nicht wahr?"

Während Drummond nebenan befragt wurde und man ihm auch erlaubte, mit seinem Anwalt zu telefonieren, saß Leopold mit Fletcher und Connie in seinem Büro. Er spielte das Band aus dem Zoo noch einmal ab, und alle lauschten angestrengt.

„Ich höre immer noch nichts", meinte Fletcher und blickte etwas verwirrt in die Runde.

„Das wird auch nicht von Ihnen erwartet. Die Töne sind zu hoch für menschliche Ohren. Aber der Hund, den Sie heute nachmittag hierhergebracht haben, der hat sie bestimmt gehört."

Connie lächelte, als sie sich daran erinnerte. „Wir dachten alle, bei Ihnen tickt es nicht mehr richtig, Captain, wenn Sie mir den Ausdruck verzeihen wollen. Wieso haben Sie eigentlich gewußt, daß etwas auf diesem Tonband war?"

„Jemand hat Drummond erpreßt – oder es zumindest versucht, und ich war überzeugt, daß das blutiger Ernst und kein Schabernack war. Aber warum sollte man einen unschuldigen Mann erpressen? Als der Erpresser Drummond anrief, befahl er ihm nicht einmal, die Polizei aus dem Spiel zu lassen. Er mußte also ganz sicher sein, daß Drummond bezahlen würde. Das bedeutete wiederum, er hatte wirklich was gegen ihn in der Hand. Als ich Drummond anrief, sagte ich ihm, daß wir ein Tonband besäßen. Er fragte sofort: ‚Ist irgend etwas drauf?' und nicht ‚Was ist denn drauf?', was die normale Reaktion gewesen wäre. Aber mit ‚Ist irgend etwas drauf?' verriet er sich, denn er ging davon aus, daß die hochfrequenten Pfeiftöne für unsere Ohren nicht hörbar waren."

„Aber", fragte Connie, „nachdem er doch schuldig war, warum hat er uns die Komödie mit dem Erpresserbrief vorgeführt?"

„Niemand wird ein berühmter Großwildjäger, ohne einen klaren Verstand und Nerven aus Stahl zu besitzen. Nachdem der Tiger Rolf nicht, wie erhofft, seine Frau zerfleischt hatte, war Drummond der erste, der darauf hinwies, daß seine Frau nur ermordet worden sein konnte. Er wußte genau, daß bei der Autopsie die Stichwunde auf jeden Fall entdeckt würde. Außerdem wollte er nicht sein Leben lang erpreßt werden und kam deshalb mit dem Erpresserbrief zu uns. Er hoffte nämlich, daß wir nie dahinterkämen, was auf dem angeblich unbespielten Tonband tatsächlich drauf war."

Fletcher war beeindruckt. „Er spielte wohl das Tonband über die allgemeine Lautsprecheranlage des Zoologischen Gartens ab?"

Leopold nickte. „Er benutzte eine Automatik, die das Gerät kurz vor fünf Uhr morgens einschaltete. Die hochfrequenten Pfeiftöne reichten aus, um einige der Tiere nervös zu machen, und davon wurden dann auch die anderen angesteckt. Er wußte genau, daß seine Frau wie immer aufstehen würde, um nach dem Grund der Unruhe zu sehen. Auf diese Weise hatte er Gelegenheit, sie unbemerkt umzubringen und ihren Körper in das Tigergehege zu werfen. Es sollte wie ein furchtbarer Unfall aussehen – eine mörderische Bestie hatte sie zerfleischt. Und der Lärm der vielen Tiere würde wiederum die Nachbarn stören und den Eindruck erwecken, als habe sich irgendein Strolch im Zoo zu schaffen gemacht. Nachdem ich mit Hilfe des Hundes in meinem Büro den Zweck und Sinn des Tonbandes herausgefunden hatte, brauchten wir nur noch durch das unverschlossene Tor am Schienenstrang den Zoo zu betreten und das Tonband über die Lautsprecheranlage abzuspielen. Ich wollte auch überprüfen, ob das Tonband wirklich die Tiere stört –, und siehe da, es war so. Ich wollte auch sehen, ob die Tiere Drummond weckten. Und siehe da, auch das geschah. In der Mordnacht war er ganz bestimmt auch aufgewacht. Aber er hat sich wohl schlafend gestellt, damit seine Frau auch wie geplant den Hügel hinunterstieg, um nach dem Rechten zu sehen. Dann ist er ihr gefolgt und hat sie umgebracht."

„Woher wissen Sie eigentlich, daß Drummond das Tonband benutzt hat?" fragte Connie. „Konnte nicht auch ein anderer Angestellter des Zoos das Tonband auflegen?"

„Nur Drummond wußte mit Sicherheit, daß Maggie sich um die nächtliche Störung kümmern würde. Und denken Sie auch daran, daß sie keinerlei Anstalten gemacht hat, ihre Pistole zu ziehen, als sie dem Mörder gegenüberstand. Es mußte also jemand gewesen sein, den sie gut kannte und dem sie vertraute, jemand, der jederzeit dort auftauchen konnte."

„Und der Erpresser?"

„Die Beschreibung des Jungen paßt auf Robby Blake, er mochte die Drummonds nicht. Wir werden ihn bald schnappen. Ich vermute, er entdeckte das Tonband auf der Maschine im Büro des Zoodirektors und spielte es am Morgen nach dem Mord ab, noch ehe Drummond die Gelegenheit hatte, es zu beseitigen. Es muß zu dem Zeitpunkt gewesen sein, wo normalerweise die Musikberieselung einsetzt. Als Blake dann feststellte, daß die Tiere trotz der Stille unruhig wurden, verließ er das Büro, um nachzusehen, was sich draußen abspielte. Es dauerte nicht lange, bis er kapierte, was es mit dem Tonband auf sich hatte. Und am kommenden Morgen kam der Erpresserbrief."

„Und die Notiz in der Tasche der toten Frau?"

„Sie stammte von einem früheren Treffen mit Sam Lang. Ich

glaube, Drummond fand zufällig den Zettel, und das hat ihn umgeworfen. Er muß die Handschrift seines Freundes erkannt haben."

Kurz bevor er nach Hause ging, lauschte Leopold an der Tür zum Nebenzimmer: Jack Drummond diktierte einem Polizeistenographen im Beisein seines Rechtsanwalts und dem Polizisten Fletcher sein Geständnis.

„Ich habe ihr einmal in Indien das Leben gerettet", sagte er. „Ihr Leben gehörte mir und nicht Sam Lang oder irgendeinem anderen Mann. Sie gehörte mir, genauso wie die Tiere, die ich damals mitbrachte."

Es war ein erschütterndes Mordgeständnis, und Leopold verspürte keine Lust, sich auch noch den Rest anzuhören.

Der Job

Chris ahnte, was auf ihn zukam. Er wußte auch, was der Blick zu bedeuten hatte, den Professor Dane ihm zuwarf. Und so war es dann auch. Als die Schulglocke läutete, hieß das für die anderen: Schluß für heute. Doch nicht für Chris, denn Professor Dane zeigte mit dem Bleistift auf ihn und sagte: „Ach, Chris, würde es dir etwas ausmachen, noch für einen Moment zu mir zu kommen? Nur für eine Minute."

Chris nickte gottergeben, stopfte seine Schulbücher in die Mappe und blickte seinen Lehrer erwartungsvoll an. Professor Dane wühlte erst noch eine Weile in seinen Papieren, dann wandte er sich endlich Chris zu. Er setzte sich leger auf einen der Arbeitstische in der Nähe von Chris und schlug die Beine übereinander.

„Ich nehme an, du weißt schon, wo's diesmal brennt", sagte er in einem lockeren Tonfall. Dane war zwar noch sehr jung für einen ausgewachsenen Studienprofessor, aber die Art und Weise, in der er versuchte, die Sprache der 18jährigen zu kopieren, wirkte auf Chris dennoch peinlich.

„Vermutlich hat mein Alter mit Ihnen gesprochen“, sagte Chris sauer. „Er drückt sich gern davor, mir was am Zeug zu flicken und meint, das wäre Ihr Job.“

„Ich will dir wirklich keine Vorschriften machen, Chris, das hebe ich mir für den Unterricht auf. Ich will mich nur mit dir unterhalten.“

„Hören Sie, Professor, ich bin mit einigen Kumpels verabredet...“

„Was für Kumpels, Chris?“

Der Junge seufzte gequält. „O. K.“, sagte er. „Wenn Sie es genau wissen wollen, es handelt sich um Nickie Cooke und seinen Bruder. Ist vielleicht irgendwas nicht in Ordnung mit denen?“

„Du weißt sehr gut, was mit denen nicht in Ordnung ist.“ Dane beugte sich zu Chris. Seine Stimme wurde beschwörend. „Junge, ich mache mir Sorgen um dich und um das, was du nach dem Unterricht mit diesen Typen treibst. Ich kenne Nickie Cooke sehr gut. Ich war an dem Tag im Haus, als er Professor Walt niederschlug und daraufhin aus der Schule flog. Ich kenne auch seinen Bruder Hal. Er ist ein paar Mal hängengeblieben und hat mit fünfzehn die Schule verlassen. Entsprechend bescheiden ist auch sein Bildungsstand. Und in letzter Zeit steht er ständig mit einem Fuß im Jugendknast. Ist das wirklich der Umgang, den du dir wünschst?“

„Es sind immerhin meine Freunde.“

Dane seufzte. „Was ist bloß im letzten Jahr in dich gefahren, Chris? Als du zu uns kamst, gab es keinen, der zu mehr Hoffnungen Anlaß gab als du. Erinnerst du dich nicht mehr an die guten Gespräche, die wir geführt haben? Du wolltest doch Lehrer werden."

„Ja, ich weiß", sagte Chris mürrisch.

„Damals glaubtest du noch, es sei der tollste Beruf. Du wolltest hart arbeiten, um an die Hochschule zu kommen. Du warst begabt, und du bist es auch heute noch."

„Aber jetzt interessiert es mich nicht, Professor. Damit hat sich's."

„Was hat dich eigentlich so verändert? War es dein alter Herr?"

Chris fuhr hoch. „Mein Vater hat damit überhaupt nichts zu tun. Mein Vater ist noch nicht mal in der Lage, zwei gleiche Socken aus der Schublade zu fischen."

„Ich meine, weil er doch seinen Job verloren hat. Damals fing deine Mutter wieder an zu arbeiten, und damals hast du dich auch an die Cookes angeschlossen. Hast du dich deshalb so geändert?"

„Vielleicht. Kann aber auch sein, daß ich es satt war, dauernd meine Nase in gelehrte Bücher stecken zu müssen. Vielleicht wollte ich einfach ein bißchen mehr Spaß am Leben haben."

Chris hatte sich eigentlich fest vorgenommen, nicht mehr über dieses Thema zu diskutieren, doch irgend etwas kochte in ihm. „Hören Sie, Professor, kommen Sie mir bloß nicht wieder mit dem Blabla über die glorreichen Aufgaben und Ziele Ihres Berufes. Was ist denn so Tolles dran an einem Job mit 250 Mäusen in der Woche? Erklären Sie mir das doch mal!"

Professor Dane blickte enttäuscht zur Seite. „Das ist es also. Unterrichten bringt nicht genug ein."

„250 Mäuse", wiederholte Chris bitter. „Und wie viele Jahre muß man dafür arbeiten, bis man die überhaupt bekommt. Ich bin bloß ein bißchen klüger geworden, Professor, das ist es nämlich, was mit mir passiert ist."

„So nennst du das also", sagte Dane verzweifelt und hob beschwörend seine Hände. „Hör mir mal zu, Chris. Mit dem Geld magst du ja recht haben, das stinkt wirklich zum Himmel. Wenn ich jemals vorgehabt hätte, als Lehrer reich zu werden, hätte ich selbstverständlich meinen Beruf an den Nagel hängen müssen. Du glaubst, eurer Familie geht es jetzt schlecht. Ich habe vier Kinder mit einem riesigen Appetit und eine Frau, die seit sechs Jahren keinen Wintermantel mehr bekommen hat. Wir ersticken in unbezahlten Rechnungen. Ich tu, was ich kann, aber es ist nicht leicht..."

„Da sehen Sie es ja", meinte Chris, „Sie bestätigen ja nur, was ich sage."

„Nein", sagte Dane fast tonlos. „Ich sehe gar nichts. Wenn einer Lehrer werden will, ist ihm das gleichgültig. Und wenn das Geld nur für Bohnen mit Speck reicht... du willst unterrichten! Und jeder, der anders denkt, Chris, ist es nicht wert, vor einer Klasse zu stehen. Aber da gibt es noch etwas..."

„Was denn?"

„Es besteht die Hoffnung, mein Lieber, – Hoffnung auf eine Verbesserung der finanziellen Lage. Maßgebliche Leute zerbrechen sich bereits den Kopf darüber. Es wurde ein Komitee gebildet und beim Staat ein Antrag auf Erhöhung der Lehrergehälter gestellt. Wahrscheinlich werden sie schon im nächsten Jahr angehoben. Und weißt du, wie es erst aussehen wird, wenn du mit dem Studium fertig bist? Möglicherweise verdienst du dann mehr als ein Lastwagenfahrer."

„Vielleicht", sagte Chris, „vielleicht aber auch nicht."

„Meinst du etwa, daß Nickie Cooke dir helfen kann? Wenn du dich ständig mit solchen Strolchen abgibst, wirst du überhaupt nichts erreichen."

„Ist das alles, was Sie mir sagen wollten, Professor?"

Dane erhob sich und zuckte mit den Achseln. „Ja, das ist alles, Chris."

Nickie und sein Bruder Hal lungerten auf der Straße herum, als Chris aufkreuzte. Hal war größer und massiger als Nickie, der jedoch der drahtigere von beiden war. Nickie hatte Hals Arm auf den Rücken gedreht und versuchte, ihm die Wagenschlüssel aus der Hand zu nehmen. „Her damit! Gib die Schlüssel endlich her, du Blödmann!"

Hal jammerte: „Aber du hast mir fest versprochen, daß ich heute fahren darf! Du hast es wirklich versprochen, Nickie."

Hoffnungsvoll heftete er seine Blicke auf Chris. „He, Chris, er hat mir doch versprochen, daß ich fahren darf! Erinnerst Du Dich?"

Chris betrachtete die alte Mühle am Straßenrand und trat gegen einen der total abgefahrenen Reifen. „Was soll's!" sagte er und warf seine Bücher auf den Rücksitz. „Wir haben sowieso kein Benzin."

„Das glaubst du“, grinste Nickie. „Der Tank ist randvoll, und das hier habe ich noch über.“ Er zog eine Fünfdollarnote aus der Tasche.

„He!“ sagte Hal und kriegte große Augen. „Wo hast du denn die her?“

„Wenn du mir die Schlüssel gibst, sag ich es dir.“

Hal rückte sie sofort raus, und Nickie kletterte auf den Fahrersitz. Chris setzte sich daneben und Hal nach hinten. Der Anlasser jammerte kläglich, als Nickie den Schlüssel umdrehte, der Motor hustete einmal kurz, sprang aber nicht an.

„Der Karren gibt wohl endgültig seinen Geist auf“, fluchte Nickie. „Ich hab alles durchgesehen, und trotzdem läuft er wieder nicht.“

„Bring ihn zum Schrotthändler“, sagte Chris, „vielleicht kriegst du noch ein paar Piepen dafür.“

„Wenn wir bloß fünfzig Mäuse hätten“, sagte Hal träumerisch. „Mann, nur fünfzig, bei Berry steht ein klasse 49er Oldsmobil. Er sagt, er gibt ihn für fünfzig her. Das wär ein guter Fang.“

„Ja“, sagte Nickie, „wenn wir die fünfzig hätten. Mann, du ahnst ja nicht, was ich alles für die fünf machen mußte. Ich habe die Nähmaschine von meiner Alten verkauft.“

Chris schien unbeeindruckt. „Du hast sie ihr gestohlen“, sagte er trocken.

„Nein, ich habe sie nicht gestohlen. Ich habe sie in ihrem Auftrag verkauft. Ich bekam siebenundzwanzig dafür, habe ihr aber nur zwanzig gegeben. Meine Provision, verstehst du?“ Er lachte vergnügt, als der Motor nun doch ansprang. „Also, jetzt kann's losgehen.“

Um acht Uhr hatten sie die fünf Dollar auf den Kopf gehauen. An einem Schnellimbiß hatten sie Halt gemacht und drei doppelte Hamburger und eine Runde Bier bestellt. Nickie fütterte die Musicbox. Dann starrten sie zum Fenster hinaus und hofften, daß irgendein tolles Girl aufkreuzen würde. Da sich keines blicken ließ, steckten sie ihr Kleingeld in ein Mini-Bowling-Spiel und schrien vor Freude, wenn sie einen Volltreffer landeten, und heulten auf, wenn es danebenging. Um halb neun verließen sie das Lokal. Nickie nahm wieder hinter dem Steuer Platz.

„Jetzt sollten wir uns aber ranhalten, wenn wir noch ein paar Mädchen aufreißen wollen“, meinte Nicki.

„Ich muß heute früh zu Hause sein“, sagte Chris gequält. „Ich hab's meinem Alten versprochen.“

„Was ist denn los, Herr Lehrer?“ machte Hal sich über ihn lustig. „Mußt du noch deine Schulaufgaben für morgen machen?“

Der alte Karren gab ein paar kräftige Fehlzündungen von sich und kam zum Stehen. Nickie fluchte und stieg aus dem Wagen. Er öffnete die Motorhaube und beugte sich über den Motor. Als er seine Hand hineinsteckte, verbrannte er sich erst einmal gehörig die Finger und schrie laut auf. Dann gab er dem Kotflügel, der nur noch an ein paar Schrauben hing, einen Fußtritt. „Dieser vergammelte Karren!“ schrie er. „Es wird höchste Zeit, daß wir uns einen neuen fahrbaren Untersatz besorgen!“

Sie schafften es tatsächlich, den Wagen wieder in Gang zu bringen, aber inzwischen war es neun geworden. Viel zu spät also, um jetzt noch irgend etwas in diesem verschlafenen Nest zu unternehmen. Ihre Stimmung war im Eimer.

Nach einer Weile lenkte Nickie den Wagen an den Straßenrand und hielt an. „Hört mal zu", sagte er und sah seine Kumpels bedeutungsvoll an. „Wir haben ja schon letzte Woche darüber gesprochen . . . Es wird höchste Zeit, daß wir etwas unternehmen. Was haltet Ihr davon, wenn wir es heute nacht steigen lassen?"

„Was wollt ihr steigen lassen? fragte Chris.

Hal grinste blöd. „He, Junge, hast du das schon wieder vergessen? Erinnerst du dich nicht mehr an das Ding, das wir drehen wollten?"

„In der Nacht war ich besoffen."

„Aber heute sind wir alle nüchtern", sagte Nickie, „und das ist die beste Gelegenheit, die Sache durchzuziehen. Das kann uns leicht fünfzig Piepen einbringen", er schnippte mit den Fingern, „vielleicht sogar mehr."

„Du spinnst total!" sagte Chris. „Du kannst doch keinen Überfall starten, ohne eine Waffe zu haben."

Nickie warf seinem Bruder einen bedeutungsvollen Blick zu, und Hal kicherte. Dann sagte Nickie: „Wie kommst du darauf, daß wir nicht die geeignete Ausrüstung dabeihaben?" Er nickte Hal zu, der mit elegantem Schwung auf die Straße sprang.

Er öffnete den Kofferraum und kramte darin herum. Als er wieder zurückkam, hielt er ein abgesägtes Gewehr in der

Hand. Erstaunt betrachtete Chris zuerst das Gewehr und dann Nickie. „Wo habt ihr die Knarre her?"

„Sie gehört unserem Vater, aber der geht nicht mehr auf die Jagd. Ich habe sie abgesägt, damit wir eine anständige Waffe haben."

„Peng! Peng! Peng! Peng!" schrie Hal und fuchtelte mit der Flinte herum, als hätte er ein Maschinengewehr in der Hand.

„Wem halten wir das Ding unter die Nase, Nickie? Wie wär's mit dem Typen aus der Pizza-Stube?"

„Da hängen viel zu viele Leute rum", gab sein Bruder zur Antwort und beobachtete Chris scharf. „Was ist mit dir los, Junge, du siehst gar nicht glücklich aus."

„Ich weiß noch nicht, ob ich bei dieser Sache . . ."

„Komm, mach dir nicht in die Hosen, Lehrer", spottete Hal. „Das ist doch eine todsichere Angelegenheit. Du brauchst ja bloß den Wagen zu fahren." Er lachte hysterisch. Die Waffe, die er in seiner Hand hielt, schien ihn zum Big Boß zu machen.

„Wir könnten morgen schon den 49er kaufen", sagte Nikkie. „Und wir könnten direkt ein neues Leben anfangen. Los, Mensch, sei doch kein Frosch. Ich kenn da ein tolles Objekt."

„Wo?"

Nickie grinste. „Heute morgen habe ich dort getankt. Es heißt *Marvie's Garage*, genau am Stadtrand. Die haben nachts nur einen Tankwart dort hocken, und wir sind schließlich drei."

„Und das Ding hier", sagte Hal und streichelte die Knarre liebevoll. „Vergiß das Ding nicht."

„Also, was ist los, machst du mit?“ drängte Nickie.

Chris gab seinen Widerstand auf. „O. K., fahren wir.“

Marvie's Garage war die modernste weit und breit. Selbst in der Nacht bei halber Beleuchtung wirkte sie eindrucksvoll.

Als die drei sich von der Kreuzung an der 17. Straße her näherten, konnten sie schon von weitem den Tankwart in seiner weißen Uniform erkennen. Chris, der jetzt am Steuer saß, lief es kalt den Rücken herunter, und sein Fuß auf dem Gaspedal fühlte sich wie ein Eisklumpen an.

„Reg dich nicht auf“, beruhigte ihn Nickie.

Chris lenkte den Wagen an die erste Zapfsäule. Die Vorderräder rollten über das Kontaktkabel, und im Kassenraum ertönte eine Klingel. Aber nichts geschah.

„Der Kerl kommt gar nicht raus“, sagte Hal.

„Dann gehen wir halt rein“, meinte Nickie, mit einem Blick auf seinen Bruder, der das abgesägte Gewehr unter seine Lederjacke steckte und den Reißverschluß zuzog.

„Du wartest hier mit laufendem Motor, Chris“, befahl Nickie.

„Was ist, wenn er mir abstirbt?“ fragte Chris nervös. „Mir gefällt die ganze Sache nicht, Nickie.“

„Du bist mir vielleicht eine feige Träne“, entgegnete Nickie verächtlich. Dann gab er Hal einen Klaps, sie sprangen aus dem Wagen und gingen auf den Kassenraum zu.

Chris konnte deutlich die Stimme des Tankwarts aus dem Innern vernehmen. „Moment, ich komme gleich, Leute.“

„Eilt nicht“, antwortete Nickie. „Wir wollen nur aufs Klo.“

Dann verschwanden sie hinter der Tür.

Chris zitterte vor Kälte. Das Steuerrad schien aus Eis zu sein. Er wußte zwar, daß das nur seine Nerven waren, aber es half nichts, er zitterte am ganzen Körper. Verzweifelt hauchte er in seine Hände und wünschte sich sehnlichst, irgendwo anders zu sein, nur nicht an diesem Platz. Er wußte selbst nicht warum, aber er mußte an die Schule denken und das warme, etwas überhitzte Klassenzimmer.

Er versuchte sich vorzustellen, was sich im Innern des Kassenraumes jetzt abspielte, doch von seinem Blickwinkel aus konnte er niemanden sehen. Plötzlich entdeckte er Hal am Coca-Cola-Automaten. Der Tankwart hantierte mit Ölkannen. Doch wo war Nickie?

Dann entdeckte er ihn. Nickie kam aus einer Seitentür und trat zu Hal. Sie blieben dort stehen und sprachen miteinander. Hal holte eine Cola-Büchse aus dem Automaten, trank sie in einem Zug aus und warf die leere Büchse in den Abfallbehälter. Dann griff er sich an den Reißverschluß.

Und dann passierte etwas Seltsames. Chris hörte sich laut schreien. Es war kein Ausruf und auch kein Warnschrei, nur ein gellender Laut. Chris sprang aus dem Wagen und rannte auf die Waschanlage zu. Er sah deutlich, wie der Tankwart aufschreckte und herumwirbelte. In diesem Augenblick zog Hal sein Gewehr aus der Jacke. Chris stürzte auf die Tür des Kassenraums zu und bekam gerade noch mit, wie der Tankwart mit dem Gesicht auf den Boden schlug, nachdem Hal mit dem Gewehrkolben auf ihn eingedroschen hatte.

„Du Dreckskerl“, brüllte Nickie ihn an, „was soll denn das?“

„Ihr habt ihn umgebracht", sagte Chris mit einem Blick auf die Gestalt am Boden. „Ihr habt den Mann umgebracht!"

Der Tankwart wimmerte und hob eine Hand. Hal stammelte unverständliches Zeug, und Nickie packte ihn am Arm. „Los, geh an die Kasse!"

Hal gehorchte verwirrt und öffnete die Kasse. Gierig grabschte er mit seinen Wurstfingern Münzen und Papiergeld heraus. Dann aber zeichnete sich auf seinem Gesicht tiefe Enttäuschung ab.

„Mann, o Mann, nur ganze zwölf Mäuse, nur zwölf!"

„Nimm es, und laßt uns hier verschwinden. Du auch!" schrie Nickie und deutete auf Chris. Er gab Chris einen Stoß und schob ihn vor sich her.

Chris gelang es noch, einen Blick auf den Mann am Boden zu werfen, der mühsam versuchte, sich aufzurichten. Sie stürzten in den Wagen, der Motor hustete und stotterte, als Nickie Gas gab, aber schließlich rollten sie davon.

„Zwölf lächerliche Dollar!" jammerte Hal. „Zwölf lächerliche Mäuse, Nickie! Dafür kriegen wir doch kein Oldsmobil!"

„Besser als gar nichts", kommentierte Nickie und blickte Chris voller Verachtung an. „Immerhin wissen wir jetzt, wer unsere wirklichen Freunde sind."

„Ihr hättet auf den Mann nicht einschlagen dürfen, die Sache war es nicht wert, jemanden halb umzubringen."

„Willst du uns Ärger machen?"

Chris sank in seinen Sitz zurück. „Nein ich werde keinen Ärger machen", sagte er düster.

Chris brauchte auch keinen Ärger zu machen, denn der ließ

nicht lange auf sich warten. Als er am nächsten Morgen zur Schule gehen wollte und aus dem Haus kam, versperrten ihm zwei Männer den Weg. Auch wenn sie keine Uniform trugen, wußte er sofort, daß es sich um Polizeibeamte handelte. Er war froh, daß sein Vater die Szene nicht beobachten konnte.

„Wollen Sie mich verhaften?"

„Nein, noch nicht", sagte einer von den beiden, „aber wir wollen uns auf dem Revier mal eingehend mit Ihnen unterhalten. Mit Ihnen und einigen anderen."

Die anderen waren Nickie und sein Bruder. Hal war so verängstigt, daß er nur wimmerte, während Nickie mit trotzigem Gesicht und fest aufeinandergepreßten Lippen dasaß.

Sie mußten eine gute halbe Stunde warten, bevor ein Lieutenant namens Summer die Zeit hatte, sich ihrer anzunehmen. Summer war groß, weißhaarig und gesetzt und kam ohne große Umschweife zur Sache.

„Also, Jungens", sagte er in beiläufigem Ton, „wir wissen, was ihr letzte Nacht angestellt habt. Dann erzählt mal die ganze Geschichte."

„Wir haben überhaupt nichts getan", entgegnete Nickie überheblich. „Und wir wissen auch gar nicht, wovon Sie reden. Stimmt's Jungens?"

Hal gab stotternd etwas von sich, das wie eine Zustimmung klingen sollte. Summer runzelte die Stirn.

„Ich dachte, wir könnten uns alle die Sache einfacher machen", sagte er. Dann zog er einen Zettel aus der Tasche und fing an vorzulesen: „Gegen 9.45 Uhr fuhrt ihr über die

Route 17 in einem 39er Plymouth, Zulassungs-Nr. J 50013, zu *Marvie's Garage*. Du", sagte er und zeigte auf Chris, „du warst hinter dem Steuer geblieben, während deine Kumpels den Kassenraum betraten. Zu dieser Zeit war nur ein Tankwart im Dienst. Ihr habt ihn mit einem Gewehrkolben niedergeschlagen und anschließend 12 Dollar siebzig Cents aus der Kasse gestohlen. Daraufhin seid ihr getürmt." Er faltete den Zettel wieder zusammen. „Und ehe ihr anfangt, auch nur irgend etwas zu leugnen, Jungens, darf ich euch folgendes sagen: Ihr seid eindeutig erkannt worden."

Chris erhob zaghaft seine Stimme. „Und dem Tankwart, geht's dem wieder gut?"

„Ja, er ist schon wieder in Ordnung", nickte Summer. „Er hat zwar Kopfschmerzen, ist aber absolut in der Lage, euch Typen dorthin zu bringen, wo ihr hingehört."

Der Lieutenant wandte sich an einen Kollegen. „Hol ihn rein, Slim, die Jungens sollen ihr Opfer wiedersehen."

Der Polizist brauchte nicht lange. Nach kurzer Zeit schon kam er mit einem Mann zurück, der sehr müde wirkte und einen dicken Kopfverband trug.

„Das ist der Junge, von dem ich Ihnen erzählt habe", sagte Professor Dane und zeigte auf Chris. „Er versuchte alles, um die anderen von ihrer Tat abzuhalten. Er versuchte auch, mich vor ihnen zu warnen."

„Sind Sie ganz sicher, Professor?"

„Ich bin ganz sicher", sagte Dane, während er Chris eindringlich in die Augen blickte. „Ich kenne den Jungen, er würde nie so etwas tun. Er möchte schließlich eines Tages

Lehrer werden, soweit ich informiert bin.“ Dane griff sich an den bandagierten Kopf und grinste. „Ich glaube, auch dann noch, wenn er nebenher einen Job an einer Tankstelle annehmen müßte. Sagen Sie, Lieutenant, gibt’s hier irgendwo eine Kopfschmerztablette?“

Elegie auf eine Sängerin

Um neun Uhr abends befanden sich im Nachtclub nur etwa zehn Gäste. Roger Gates ließ seine Finger lässig über die Tasten des Flügels gleiten. Die Anzahl der Zuhörer spornte ihn nicht gerade zu musikalischen Meisterleistungen an.

Durch die großzügige Fensterfront hinter ihm glitzerten die nächtlichen Lichter von Los Angeles. Da es schon am frühen Abend geregnet hatte, war die Luft klar. Der Club war auf einem Felsvorsprung erbaut, und dieser Raum ragte weit über den Absturz hinaus.

„Entschuldigen Sie, bitte."

Roger wandte sich ruckartig um.

„Ich glaube, ich habe heute meinen sentimentalen Tag ..."

Von den fünf Paaren im Clubraum saßen zwei an der Bar neben dem Flügel. Eine der Damen, blond und um die fünfzig, bat ihn: „Roger, würden Sie für mich *Mood Indigo* spielen?" Sie steckte eine Dollarnote in den Sektkübel auf dem Flügel.

„*Mood Indigo*, aber selbstverständlich, nur für Sie, Betty."

Roger schaltete sofort auf die gewünschte Melodie um. Kurze Zeit später fiel sein Blick auf eine stattliche Frau, die soeben den Raum betreten hatte. Sie war ohne Begleitung. So was kam selten vor, obwohl es nicht ausdrücklich untersagt war. Schließlich hatte der Club einen sehr privaten Charakter, und man machte keine Reklame. Wer hier auftauchte, kam auf besondere und persönliche Empfehlung von Clubmitgliedern oder gehörte zu den Freunden von Rogers musikalischen Darbietungen.

Die Frau setzte sich auf den ersten Barhocker neben dem Flügel, unweit des Mikrofons. Sie trug einen geblümten Hosenanzug. Ihr schmales Gesicht war von schwarzen Haaren umrahmt, die ihr bis auf die Schulter fielen. Sie hatte eine bleiche Gesichtsfarbe, was bei der Sonne Kaliforniens eine Seltenheit darstellte. Bis auf einen Hauch von Lippenstift war sie ungeschminkt. Ihr sensibler, voller Mund faszinierte Roger. Ein prüfender Blick traf ihn aus strahlend schwarzen Augen, bevor sie sich der kurzberockten Bedienung zuwandte und einen Drink bestellte.

Nachdem das bestellte Getränk vor ihr stand, holte sie ein Etui aus der Tasche und entnahm ihm eine lange, dünne Zigarette. Sie zündete sie an und inhalierte genüßlich den Rauch. Jetzt erst nippte sie an ihrem Drink.

Roger nahm die Finger von den Tasten und fragte höflich: „Möchten Sie etwas Bestimmtes hören?“

Sie blinzelte durch den aufsteigenden Rauch: „Was halten Sie von *Raindrops?*“

Roger klimperte die ersten Takte von *Raindrops keep*

falling on my head, unterbrach dann und fragte: „Singen Sie?“

„Ein bißchen, ich bin nicht sehr gut.“

Sie hatte eine leise, rauhe Stimme.

Er drehte das Mikrofon zu ihr. „Ich glaube, das lassen Sie mich doch besser entscheiden.“

Einen Augenblick lang starrte sie ihn entgeistert an. Dann nahm sie einen Schluck und räusperte sich. Sie begann zunächst etwas unsicher zu singen, während er sie einfühlsam begleitete. Schon nach einigen Zeilen gewann sie mehr Sicherheit, und ihre Stimme nahm an Volumen zu. Roger fand, daß sie eine recht gute, wenn auch untrainierte Stimme besaß.

Sie war natürlich nicht ganz so gut wie Irene, aber es fehlte nicht viel.

Sie erhielt sogar etwas Applaus und blickte sich erstaunt um. Sie schien vergessen zu haben, wo sie war, und lächelte schüchtern.

„Ich habe noch nie vor fremden Leuten gesungen.“

„Und vor allem in einem Nachtclub“, ergänzte er.

„Kommt das eigentlich häufig vor, daß alleinstehende Frauen hier hereinkommen und einfach singen?“ fragte sie mit einer hilflosen Geste.

„Genau so viele, wie ich dazu überreden kann. Das erleichtert mir hier die Arbeit.“

„Und können einige davon was?“

„Nicht viele, nur einige“, nickte Roger, „und Sie sind eine von den wenigen.“

„Oh, danke ...“

Sie hieß Jean Forbes.

Roger spielte eine zärtliche Melodie. Jean neigte ihren Kopf und blickte ihn fragend an. „Das Stück kenne ich nicht . . ."

„Jeanie with the light brown hair."

Sie schüttelte den Kopf. „Ich glaube, ich habe es noch nie gehört."

„Ich mag diese alten Melodien. Man fühlt sich dann gleich ein bißchen jünger."

„Sie sehen aber gar nicht so alt aus", sagte sie und trank ihr Glas aus. Noch immer hatte sie den Applaus in den Ohren, und das half ihr, ihre anfängliche Schüchternheit zu überwinden.

Sie sang noch einige Titel, und ihr Selbstbewußtsein steigerte sich von Mal zu Mal durch den Applaus und das deutlich spürbare Interesse von Roger, der sich jetzt plötzlich ein ganzes Stück älter als vierzig Jahre fühlte.

Damals, als Irene zum ersten Mal in dem Nachtlokal aufkreuzte, war er fünfunddreißig. Es war kurz nachdem er diesen Job angenommen hatte. Irene gab ihm das Gefühl, wesentlich jünger zu sein.

Jean hatte die Bar in der Absicht betreten, nur schnell einen Drink zu sich zu nehmen und dann nach Hause zu gehen. Jetzt blieb sie sitzen und wartete, bis Roger sein Abschlußlied *Good night, Irene* sang.

Am Samstag, drei Tage später, tauchte sie wieder auf. Diesmal waren entschieden mehr Leute in dem Club. Sie war um zehn Uhr gekommen und blieb, bis Roger sein letztes Stück spielte. Wieder hatte sie an diesem Abend einen kleinen Auftritt und erntete mit ihrem jetzt viel selbstsichereren Gesang starken Applaus.

Als Roger kurze Zeit später seinen Wagen vom Parkplatz lenkte, sah er sie unter der Markise am Eingang des Lokals stehen. Er brachte seinen Wagen vor dem Eingang zum Stehen und öffnete die Beifahrertür. Es regnete in Strömen.

„Warten Sie noch auf jemand?" rief er ihr zu.

Sie lief auf seinen Wagen zu und blickte ins Innere.

„Ach, Sie sind es Roger, ich warte auf ein Taxi."

Roger zögerte einen kurzen Moment und sagte dann: „Rein mit Ihnen, ich fahre Sie nach Hause."

Sie wohnte in Hollywood. Fast auf dem ganzen Weg unterhielten sie sich über Musik.

Jean wollte Sängerin werden und war aus diesem Grund nach Hollywood gekommen. Aber es hatte nicht geklappt.

„Die Konkurrenz war leider zu stark. Ich habe es über ein Jahr lang versucht. Da ich nur ein paar kümmerliche Angebote für meine Singerei bekam, habe ich es aufgegeben."

„Sie haben es bereits nach einem Jahr aufgegeben?" fragte Roger erstaunt.

„Natürlich, ich wurde mir darüber klar, daß ich alt und grau würde, bevor mir der Durchbruch gelänge – wenn überhaupt. Erst vor ein paar Wochen habe ich das Angebot bekommen, als Sängerin mit einer Band auf Tournee zu gehen. Ich habe abgelehnt."

„So ein Angebot haben Sie abgelehnt?"

Sie lachte etwas gequält über den Tonfall in seiner Stimme. „Na und, ich habe jetzt diesen tollen Job als Sekretärin in einer Investmentfirma. Den müßte ich aufgeben. Und wofür? Die Tournee sollte nur sechs Monate dauern."

Roger gab keine Antwort. Er starrte geradeaus in den strömenden Regen.

Auch Jean hielt einige Zeit den Mund. Doch bald fing sie wieder an zu reden – über sich. Sie war jetzt seit über einem Jahr geschieden und sprach mit einer gewissen Bitterkeit über ihre Ehe.

„Ich liebte Bart, aber er taugte nichts. Er trank zu viel und war krankhaft eifersüchtig. Wenn er betrunken war, prügelte er grundlos auf mich ein. Einmal mußte ich sogar für eine ganze Woche ins Krankenhaus. Damals entschloß ich mich, Schluß zu machen."

Zu alldem gab Roger keinen Kommentar ab.

Zwei Blocks vor ihrer Wohnung sagte Jean: „Sie reden nicht allzuviel über sich selbst, Roger. Waren Sie jemals verheiratet?"

„Nein."

Unberührt von seiner einsilbigen Anwort fragte sie weiter. „Auch nicht verliebt, nicht ein einziges Mal?"

„Einmal."

Sie wohnte in einem Reihenhaus, und zwar im letzten am Ende einer Nebenstraße.

Es war inzwischen sehr spät geworden, und nirgendwo brannte mehr Licht. Sie wandte ihm ihr Gesicht zu, das er in der Dunkelheit kaum erkennen konnte.

„Roger, ich weiß, es ist sehr spät, aber hätten Sie noch Lust auf einen Drink oder eine Tasse Kaffee?"

Da er selten vor zwei Uhr nachts nach Hause kam, stand Roger immer erst sehr spät auf. Am nächsten Morgen weckte ihn die Polizei schon kurz nach acht Uhr. Roger schlurfte gähnend an die Tür seines Junggesellen-Appartements. Er hatte sich nicht einmal die Mühe gemacht, einen Morgenrock über den Pyjama zu ziehen.

Zwei Männer in dunklen Anzügen, etwa gleich groß und gleich alt, blickten ihn ausdruckslos mit harten Augen an. Sie stellten sich vor und zeigten ihre Polizeimarken. Höflich fragten sie, ob sie eintreten dürften. Sie hätten einige Fragen an ihn zu stellen.

Roger trat zurück und ließ sie herein. Er gähnte noch einmal, bevor er fragte: „Worüber wollen Sie mit mir sprechen, worum geht es denn?"

„Kennen Sie eine Jean Forbes, Mr. Gates?"

„Jean Forbes, nein..." Roger schüttelte den Kopf, doch plötzlich fiel ihm etwas ein. „Ja, natürlich, ich kenne sie."

„Sie geben also zu, sie zu kennen."

„Wenn es sich um die Dame handelt, die zweimal in den Club gekommen ist, dann kenne ich sie." Er zuckte mit den Schultern. „Aber warum fragen Sie, was soll das alles?"

„Sie haben sie mit Ihrem Auto letzte Nacht nach Hause gefahren."

„Das stimmt... Sie wartete auf ein Taxi, und es regnete. Ja, ich habe sie nach Hause gefahren." Er blickte etwas verwirrt.

Seine Stimme wurde ärgerlich. „Sie haben mir noch immer nicht gesagt, was das alles soll."

„Sie haben sie nach Hause gefahren und bei ihr noch einen Schluck getrunken. Stimmt's?"

„Nein, das habe ich nicht", sagte Roger mit Nachdruck. „Sie hatte mich zwar eingeladen, aber ich verabschiedete mich an der Haustür."

„Sie haben ihre Wohnung nicht betreten?"

„Nein, ich bin nicht mit zu ihr gegangen."

„Können Sie das beweisen?"

„Nein, ich fürchte nicht. Andererseits, können Sie beweisen, daß ich mitgekommen bin?"

Das beeindruckte die beiden Beamten wenig, aber es brachte ihr Konzept durcheinander.

„Jean Forbes wurde heute früh ermordet in ihrem Appartement aufgefunden. Sie wurde erwürgt. Der Mörder benutzte eine Vorhangschnur. Ihr Tod trat heute früh zwischen zwei und drei Uhr ein."

Roger pfiff leise durch die Zähne. „Ach so. Deshalb also..." Er schüttelte den Kopf. „Mein Gott, tut mir das leid. Ich kannte sie zwar kaum, aber..."

Die Beamten merkten, daß er ziemlich schockiert war. Sie stellten noch ein paar Routinefragen, dann ging ihnen offenbar die Luft aus, und sie verabschiedeten sich.

Roger entfernte sich gähnend von der Eingangstür. Noch immer war er sehr müde. Er wünschte sich, daß er die Polizei zum letzten Mal gesehen hätte, wußte aber genau, daß dies nicht der Fall sein würde.

Kurz vor neun tauchten zwei andere Beamte auf. Diesmal holten sie ihn zur Vernehmung ins Präsidium. Unter Bewachung führte man ihn in einen Vernehmungsraum, der eintönig grau gestrichen war. In der Mitte stand ein Tisch mit drei unbequemen Bürostühlen. Eine häßliche Lampe hing an einem langen Kabel dicht über dem Tisch, auf dem nichts stand außer einem schmutzigen Aschenbecher.

Sie ließen ihn fast eine Stunde allein. Roger saß da und rauchte eine Zigarette nach der anderen. Sein Platz war genau gegenüber der Tür. Ganz bestimmt wurde er beobachtet. Er versuchte, so gelassen wie möglich zu erscheinen. Von Zeit zu Zeit ertappte er sich dabei, wie er sich weit vorbeugte, und gespannt auf die Tür starrte. Er wußte nicht, ob die Tür abgeschlossen war und brauchte alle Willenskraft, um nicht aufzustehen und nachzusehen.

Dann endlich öffnete sich die Tür und zwei Kriminalbeamte betraten den Raum. Der eine von ihnen war bestimmt über 1,85 groß, während der andere gerade noch zum Durchschnitt zählte.

Der Kleinere stellte die meisten Fragen. Sein schmales, langes Gesicht war mit Narben übersäht, als hätte er in seiner Kindheit die Pocken gehabt. Das gab ihm ein unfreundliches Aussehen. Trotzdem war er äußerst höflich und sprach mit sanfter Stimme, daß Roger sich anstrengen mußte, um ihn überhaupt zu verstehen.

Der Kleine hatte Roger gegenüber Platz genommen und die Lampe so weit heruntergezogen, daß das Licht hauptsächlich auf Roger fiel. Sein eigenes Gesicht lag im Dunkel.

Der andere Beamte lehnte direkt hinter Roger an der Wand und rauchte.

„Mein Name ist Owen Harter, Mr. Gates. Wir möchten Ihnen ein paar Fragen stellen“, begann der Kleine.

„Ich dachte, ich hätte alle Fragen schon den anderen Beamten beantwortet.“

„Nein, noch nicht alle. Wir wollen noch etwas weiter zurückgehen, so etwa eineinhalb Jahre. Wir interessieren uns für Hintergrundinformationen über Personen, die in irgendeiner Weise in einen Mord verwickelt sind. Wir haben auch Ihre Vergangenheit durchleuchtet, und dabei stießen wir auf Irene Webb.“

Roger erstarrte. „Damals wurde amtlich festgestellt, daß mich keinerlei Schuld traf.“

„Ja, das stimmt“, sagte die sanfte Stimme, „aber man hat auch nie den Mörder von ihr gefunden, und sie kam auch zu Ihnen in die Bar, um zu singen. Wir bei der Polizei werden immer bei gleich ablaufenden Vorgängen mißtrauisch. Allerdings wurde die kleine Webb mit einem Messer getötet, während die Dame letzte Nacht erwürgt wurde.“

„Und da gibt es noch einen großen Unterschied. Ich liebte Irene, wir wollten heiraten.“

„Das ist die eine Seite, aber Sie müssen doch zugeben, daß es hier seltsame Parallelen gibt, die Fragen aufwerfen.“

„Ich sehe nur, daß ich wegen dieser Sache ewig verfolgt werde, und das nur, weil ich...“ Roger merkte, daß er sehr laut geworden war und senkte seine Stimme. „Muß ich denn ewig mit der Sache leben?“

„Ich fürchte ja, falls Sie in irgendeiner Weise in einen Mordfall verwickelt sind."

„Ich weiß nicht, was ich Ihnen noch sagen soll, um Sie davon zu überzeugen, daß ich Jean nicht umgebracht habe", sagte Roger resigniert.

Plötzlich wurde er von hinten von dem zweiten Beamten grob an der Schulter gepackt und gegen seine Stuhllehne gedrückt.

„Sagen Sie uns doch die Wahrheit", sagte der Lange in scharfem Tonfall. Er beugte sich dicht zu Roger hinunter. „Sie sind doch letzte Nacht in das Haus gegangen, oder vielleicht nicht? Sie wollten was von ihr, da hat sie sich gewehrt, und dann haben Sie sie umgebracht. So war es doch, Gates, oder?"

„Nein, Sir, das war nicht so", sagte Roger bestimmt.

Hart gruben sich die Finger in Rogers Schulter. „Sie lügen!"

Owen Harter beugte sich vor. Mit sanfter Stimme sagte er: „Nun, Jack, wir wissen nicht, ob Mr. Gates lügt oder die Wahrheit sagt. Allerdings, wenn er lügt, dann wäre es viel besser für ihn, uns jetzt doch allmählich die Wahrheit zu sagen. Man hat Jean Forbes nicht mißbraucht, wie wir wissen. Hatten Sie Angst, daß wir Ihnen das vorwerfen, Mr. Gates? Oder haben Sie sie aus einem anderen Grunde umgebracht? Sie können mir alles sagen, Mr. Gates, ich meine es doch nur gut mit Ihnen."

Rogers Blick wanderte von einem zum anderen. Dann lachte er bitter. „Ja, ja... Zuckerbrot und Peitsche! Ach, du lieber Himmel! Das führt doch zu nichts. Diese Tour kenne ich doch."

Sie stellten ihm noch einige Fragen, dann sagte Harter müde: „O. K., Gates, Sie können gehen. Verlassen Sie aber nicht plötzlich die Stadt."

„Ich denke nicht daran, ich habe schließlich keinen Grund dazu."

Roger spielte damals, als er Irene kennenlernte, in einer kleinen Bar in Santa Monica, nur einen Straßenzug vom Strand entfernt. Sie war schlank, blond, grünäugig und bezaubernd schön. Sie betrat die Bar eines Nachts zu später Stunde in Begleitung eines Herrn, dessen Namen Roger nie erfuhr.

Beide hatten schon einiges getrunken, und Irene sang bereits ins Mikrofon, bevor noch ihr erster Drink serviert wurde. Sie hatte eine hübsche Stimme mit einem leicht irischen Akzent. Später erfuhr Roger, daß sie Gesangsunterricht nahm und auch einige Platten mit mäßigem Erfolg besungen hatte. Sie hatte auch einige Angebote für öffentliche Auftritte bekommen, sie aber alle abgelehnt. Für sie war es viel zu anstrengend und beschwerlich, eine erfolgreiche Sängerin zu sein.

„Mir macht es viel mehr Spaß, mit der ganzen Sache herumzuspielen."

Das war etwas, was Roger nie verstehen konnte. Er hatte sich immer gewünscht, ein berühmter Sänger zu werden. Und er hatte alles getan, um dieses Ziel zu erreichen, auf alles verzichtet und eine Enttäuschung nach der anderen geschluckt. Da sagte ihm eines Tages ein cleverer Manager: „Sie haben eine sehr angenehme Stimme, Gates, und es stimmt, daß manche mit einem wesentlich geringeren Talent ihren Weg gemacht haben. Aber Ihnen fehlt das gewisse Etwas oder die besondere Masche. Wir leben in einer Zeit der musikalischen Gags. Denk Dir eine eigene Masche aus und Du machst Deinen Weg, Junge."

Doch Roger fand diese Masche nie, und so mußte es bei seinem Job als Alleinunterhalter in einer Bar bleiben. Er konnte deshalb nicht verstehen, daß jemand, der das Talent besaß und dem alle Wege geebnet wurden, dieses Glück nicht wahrnahm. Mit der Zeit hatte er sich daran gewöhnt, daß Irene so war. Und es spielte ja wirklich keine große Rolle, denn er liebte sie.

Nach ihrer ersten Begegnung verging eine ganze Woche, und Roger erwartete nicht, sie je wiederzusehen. Doch sie kam wieder, allein und nüchtern. Sie gab einige Songs zum besten und war an diesem Abend die Sensation in der kleinen Bar.

Applaus und schmeichelhafte Worte schienen sie aber überhaupt nicht zu berühren, denn später sagte sie: „Ein paar leicht angesäuselte Barbesucher, die sich über ein sentimentales Lied freuen, was ist das schon?"

Sie blieb, bis die Bar geschlossen wurde. Und sie nahm wie selbstverständlich an, daß Roger wußte, daß sie nur auf ihn wartete.

Sie gingen den einsamen Strand entlang. Es war Spätherbst,

lange nach Mitternacht, und der Nebel wallte um sie. Irene nahm seine Hand, sie zitterte.

„Ich liebe diesen Nebel. Ich glaube, das kommt von meinem keltischen Blut."

Er drehte sich um und nahm sie in seine Arme. Ihr Körper schmiegte sich an seinen, sie küßten sich.

„Irene, ich liebe dich."

„Das ist nett von dir."

Sie reagierte rein gefühlsmäßig und ihrer augenblicklichen Stimmung entsprechend, himmelhoch jauchzend, zu Tode betrübt. Manchmal reagierte sie derart überschwenglich, daß es Roger Angst und Bange wurde.

Sie hatte es sich angewöhnt, zwei- oder dreimal wöchentlich hereinzuschneien. Wenn es nicht regnete, gingen sie dann am Strand spazieren, oder sie besuchten ein Kino oder ein Theater. Irene besaß einen offenen Sportwagen, mit dem sie gerne rasant durch die Gegend kurvte und ihre Haare im Wind flattern ließ. In aller Stille entwickelte Roger inzwischen einen Plan, das heißt eigentlich zwei Pläne, die miteinander zusammenhingen. Auf einige ganz bestimmte Anfragen hin, hatte er positive Antworten erhalten.

In der Nacht, in der er soweit war, daß er Irene in seine Pläne einweihen konnte, regnete es in Strömen. Sie tauchte sehr spät auf und war nicht mehr nüchtern. Er wollte mit ihr ein stilles Plätzchen aufsuchen, um sich in aller Ruhe mit ihr unterhalten zu können, aber sie bestand darauf, am Strand entlangzuspazieren. Schließlich gab er notgedrungen nach. Seit er sie näher kennengelernt hatte, hing sein Regenmantel immer griffbereit in der Garderobe des Clubs. Sie trug ihren bereits, als sie ankam.

Trotz der späten Jahreszeit war es relativ warm, und sie liefen barfuß am Strand entlang. Obwohl er sich kaum mit ihr verständigen konnte, denn der Wind heulte und die Brandung tobte, versuchte er, mit ihr zu sprechen. Er mußte einfach loswerden, was sich in ihm aufgestaut hatte.

„Irene, hör mal zu. Ich habe einiges unternommen und mich umgehört. Mindestens zwei Firmen sind an uns interessiert. Wir sollen eine Platte aufnehmen, du als Sängerin und ich als Pianist. Außerdem habe ich das Angebot von einem Spitzenclub: du am Mikrofon, ich am Klavier. Wir könnten innerhalb eines Jahres an der Spitze stehen und viel Geld verdienen."

Sie antwortete etwas, aber ihre Worte waren im Lärm der Brandung nicht zu verstehen.

Ungeduldig hielt Roger sie am Arm fest und zwang sie stehenzubleiben. "Was hast du gesagt?"

„Ich meine, wer von uns beiden braucht das Ganze? Was mich betrifft, ich habe dir oft genug gesagt, daß ich nicht an einer Karriere interessiert bin."

„Bei deinem Talent kann ich einfach nicht begreifen, warum du eine so einmalige Chance nicht wahrnimmst. Andere Leute würden sich alle zehn Finger danach abschlecken."

„Es dreht sich um *mein* Talent. Roger, der Konkurrenzkampf in dieser Branche ist mörderisch!"

„Ich bin doch bei dir, wir machen's doch gemeinsam."

„Eine Zeitlang, vielleicht, aber die besten Gruppen gehen

früher oder später auseinander."

Er schüttelte sie. „Begreifst du denn gar nicht? Es geht doch um was völlig anderes. Wir werden ein Paar. Ich bitte dich, mich zu heiraten, Irene."

„Dich heiraten?"

Im ersten Augenblick glaubte er, sie würde weinen. Er drückte sie an sich und merkte, daß sie sich vor Lachen schüttelte. „Was ist daran so komisch?"

„Du ... Du hast ja den Verstand verloren. Ein Klavierspieler mit Minitalent ... zum Mittelmaß verdammt ... Glaubst du wirklich, daß ich dich heiraten würde?"

Langsam begann er zu begreifen. „Aber ich habe dir doch gesagt, daß ich dich liebe. Und du bist immer wieder zu mir gekommen."

Sie zuckte mit den Schultern. „Das war doch nur zum Spaß, so eine Art Zeitvertreib. Und jetzt ist der Spaß zu Ende."

Seine Finger krallten sich in ihre Arme. „Das kann doch nicht dein Ernst sein?"

„Doch, das ist es. Hör auf, du tust mir weh." Sie riß sich von ihm los. „Jetzt ist es aus, Roger, ich will dich nie wieder sehen."

Wie erstarrt blieb er stehen und sah ihr nach, als sie davonlief. Im Nu hatte sie die Dunkelheit verschluckt.

Am nächsten Tage fand man sie am Strand. Das Messer steckte zwischen ihren Rippen dicht unter dem Herzen. Sie war noch immer barfuß. Der Regen hatte alle möglichen

Spuren im Sand verwischt, und das Messer konnte nie identifiziert werden. Es gab keinerlei Anhaltspunkte.

Roger wurde pausenlos vernommen. Es war bekannt, daß er am Abend zuvor zu später Stunde mit ihr zusammen war. Und er leugnete das auch nicht. Er hatte sie, mit Ausnahme ihres Mörders, als letzter lebend gesehen. Zu Rogers Glück hatte man Irene im Club vor Zeugen mit zwei anderen Männern streiten hören, die beide sehr eifersüchtig waren. Und Roger konnte man kein Mordmotiv nachweisen.

Die Nachforschungen ergaben, daß tatsächlich Angebote für eine Plattenproduktion sowie ein Anstellungsangebot eines renommierten Clubs für Irene und Roger vorlagen. Letzten Endes aber gab es nicht genügend Beweismaterial, Roger oder einen der zwei anderen Männer mit dem Mord in Verbindung zu bringen. Man legte den Mordfall schließlich als unaufgeklärt zu den Akten.

Roger wurde nicht weiter im Zusammenhang mit Jeans Tod vernommen, was ihn ein wenig wunderte. Damals, als die Sache mit Irene passiert war, wurde er täglich und über Wochen von der Polizei befragt. Zwei Tage, nachdem man Jean gefunden hatte, fand er in der Zeitung die Erklärung: Jeans geschiedener Mann war des Mordes angeklagt worden. Wenn man dem Bericht in der Zeitung Glauben schenken konnte, dann hatte er sich nie mit der Scheidung abgefunden. Immer wenn er getrunken hatte, suchte er sie an ihrem Arbeitsplatz auf und bedrohte sie. Erst eine Woche vor ihrem Tod war er wieder in angetrunkenem Zustand vor ihrer

Wohnungstür aufgetaucht und hatte ihr Angst und Schrecken eingejagt. Für die Mordnacht besaß er zu allem Unglück kein Alibi. Er war von Bar zu Bar gezogen und konnte sich nur vage daran erinnern, wo er gewesen war.

Einmal noch erhielt Roger Besuch von der Polizei. Es war der sanfte Owen Harter, der ihn im Polizeipräsidium vernommen hatte. Harter zeigte ihm ein vergrößertes Bild von Jeans Ex-Ehemann. „Haben Sie diesen Mann jemals gesehen? Ist er jemals in Ihre Bar gekommen?"

Roger sah sich das Bild genau an, bevor er antwortete. „Nein, ich habe diesen Mann noch nie in meinem Leben gesehen."

„Sind Sie ganz sicher?"

„Hundertprozentig."

Harter steckte das Bild seufzend wieder ein. „Nun ja, wir haben ihn angeklagt. Ich glaube aber nicht, daß wir ihn überführen können. Ich bin damit gar nicht zufrieden, aber man hat mich überstimmt. Wenn ich nur etwas mehr Zeit hätte, ich bin überzeugt, ich könnte..."

Er brach ab, legte den Kopf schief und blinzelte Roger listig an. „Durch meine Herumschnüffelei habe ich allerdings etwas Merkwürdiges herausbekommen. Mir scheint, Sie haben eine Menge Probeaufnahmen in den letzten Jahren gemacht. Keine davon wurde angenommen. Dann haben Sie für ein Jahr ungefähr pausiert und noch eine gemacht. Und wieder wurde es ein Reinfall."

„Was soll's, meine Begabung reicht halt nicht aus, um groß rauszukommen", antwortete Roger kühl. „Ich wüßte nicht, was Sie das angeht.“

„Vielleicht haben Sie recht, ich weiß es nicht. Ich finde es nur seltsam, daß an dem Tage, an dem Sie die Absage bekamen, auch Jean Forbes umgebracht wurde. Meine Vorgesetzten meinen, es hätte nichts zu bedeuten. Mag sein, daß sie richtig liegen. Wer kann das schon sagen?“ Er machte sich auf den Weg. „Leben Sie wohl, Gates! und nicht ‚auf Wiedersehen‘. Obwohl ich das dumpfe Gefühl habe, daß wir zwei uns bald wiedersehen werden.“

Roger ging wieder zur Arbeit. Die Polizei hatte alle Angestellten des Clubs und die festen Mitglieder vernommen. Aber auch nicht der geringste Verdacht fiel auf Roger. Somit war auch sein Job nicht gefährdet.

Der Sturm, der vor drei Tagen eingesetzt hatte, fegte noch immer über die Stadt. Regenschauer begleiteten ihn. Das Wetter war so ungemütlich, daß der Club an diesen Abenden nur schwach besucht war.

Gegen zehn Uhr, als Roger wieder einmal gelangweilt von seinen Tasten aufblickte, entdeckte er ein fremdes Mädchen, das sich soeben neben dem Mikrofon niederlassen wollte. Sie war noch nicht einmal dreißig, rothaarig und sehr attraktiv. Ihre grauen Augen beobachteten Roger mit unverhohlener Neugierde.

„Guten Abend“, sagte Roger.

„Hallo“, antwortete sie strahlend.

Gefühlvoll begann er die Melodie von *Laura* zu spielen, den einen oder anderen Ton mitsummend. Dann fragte er:

„Kennen Sie *Laura*? Können Sie es singen?“

„Ja, ich denke schon, aber wahrscheinlich nicht sehr gut.“

„Das zu entscheiden, müssen Sie schon mir überlassen.“

Er drehte das Mikrofon in ihre Richtung. „In welcher Tonlage möchten Sie singen?“

Roger hoffte inständig, daß sie überhaupt kein Talent besäße.

Der Perfektionist

Es war fast zwei Uhr morgens, als Claudia Shane die Bar des *Solimar Point Country Clubs*, an der sich noch immer einige fröhliche Leute aufhielten, mit der Entschuldigung verließ, sie müsse ihr Make-up auffrischen. Sie ging jedoch an der Damentoilette vorbei und steuerte direkt auf das Büro der Geschäftsführung zu. Auf ihr leises Klopfen hin wurde die Tür von innen geöffnet.

Zwei Männer befanden sich in dem Raum: Pete Kelly, ein pausbäckiger, weißhaariger Ire, der mit seinen rosa Wangen wie ein Barockengel aussah und einen schwarzen Diplomatenkoffer an seine Brust gepreßt hielt. Und Alex Ward, der Chef des Betriebes. Der gutaussehende Mann hatte Claudia bereits erwartet. Die beiden tauschten Blicke, die selbst einem Außenstehenden sofort verraten hätten, wie sie zueinander standen.

Pete Kelly verabschiedete sich diskret. Als er an Claudia vorbeiging, hob er ihr seinen Diplomatenkoffer entgegen und sagte triumphierend: „Was sagen Sie dazu: Alex gibt beim

Jahres-Gründungsfest bekannt, daß wir 300 000 Dollar Gewinn gemacht haben! Zum ersten Mal seit Gründung der Firma. Der Mann ist ein Genie."

„Haben Sie das erst jetzt bemerkt?" kicherte Claudia. „Gute Nacht, lieber Pete."

Sie komplimentierte ihn hinaus mit der Grazie einer Königin, die gerade einen ungebetenen Gast in dem Glauben entließ, daß er ihr für immer das Herz gebrochen hätte. Dann schloß sie die Tür hinter ihm, drehte sich um und flog Alex in die Arme.

„Claudia, es war einfach zu lange!" sagte er.

„Doch nur zwei Wochen", antwortete sie.

„Eine Ewigkeit. Tu mir das nie wieder an. Keine Trennung mehr, auf Gedeih und Verderb."

„Bist du klargekommen?"

„Du weißt es doch, du weißt es seit Monaten, lange bevor du nach Palm Springs gegangen bist."

„Aber jetzt sind wir uns beide ganz sicher, oder etwa nicht?"

Sie trat ein paar Schritte zurück, so daß er sie in ihrer vollen Größe bewundern konnte. Claudia wußte sehr gut, daß er nur Angenehmes entdecken konnte. Sie hatte sich im Urlaub eine gesunde Bräune geholt, die noch betont wurde durch einen hübschen Fummel, den sie sich aus dem Wühltisch einer kleinen Boutique herausgepickt hatte. Eine Frau mit Geschmack braucht eben keinen teuren Schneider.

Claudia war mit sechsundzwanzig Jahren Witwe geworden und führte seitdem die Versicherungsagentur ihres Mannes erfolgreich weiter. Sie hatte ihre Energie auf anderes gerichtet als auf Haushalt und Kindererziehung, und das hatte ihrer Weiblichkeit natürlich keinen Abbruch getan.

„Nachdem wir die letzten Zweifel beseitigt haben", fügte sie hinzu, „bleibt nur noch eine Frage offen: Wann heiratest du mich?"

„Bald", sagte Alex.

„Liebling, ich hasse es, dich zu drängen, aber wir haben nicht mehr viel Zeit. Ich habe schon zu viel in meinem Leben verpaßt, und dir geht es nicht anders. Ich möchte dich heiraten und immer mit dir zusammen sein."

Alex warf einen Blick auf seine Armbanduhr. „Mein Gott, es ist ja schon nach zwei. Ich habe den ganzen Abend versucht, fünf Minuten mit dir allein zu sein, und jetzt muß ich unbedingt den Laden hier zusperren. Die Angestellten werden nur bis zwei Uhr dreißig bezahlt, und ich möchte unseren Gewinn nicht unbedingt schmälern. Sehen wir uns morgen zum Mittagessen?"

Claudia protestierte: „Mir ist es ernst, Alex. Entweder es passiert bald etwas, oder wir trennen uns. Ich will nicht das fünfte Rad am Wagen sein!"

„Morgen um eins, wie immer. Dann machen wir Nägel mit Köpfen, das versprech ich dir."

Claudia verließ das Büro. Alex wartete noch fünf Minuten, dann brach auch er auf. Der Ballsaal war jetzt leer. Die ausgezeichnete Show-Band, gegen die sich die Gründungs- und Direktionsmitglieder des Clubs so heftig gewehrt hatten, weil sie aus London eingeflogen werden mußte, packte gerade ihre Instrumente ein. Die Musiker befanden sich im

Aufbruch. Die Jungs spielten ein bißchen zu temperamentvoll für die älteren Leute, aber die leitenden Kräfte in der Wirtschaft sind heutzutage jünger, und die Gruppe derer, die länger blieben, kam bei der heißen Musik derart in Stimmung, daß die Kasse an der Bar pausenlos klingelte. Alex Ward verdankte seinen Erfolg simpler Logik. So hatte er in den letzten fünf Jahren eine Million Dollar Reingewinn gemacht. Sein eiskaltes und energisches Vorgehen war nicht auf Glückszufälle angewiesen. Es waren das gute Management, die geschickte Werbung und der Wagemut, die zu dem geschäftlichen Erfolg führten. Alex war einfach ein Perfektionist.

Er hatte das Unternehmen durch Heirat von dem alten Harry Dragerman geerbt, als dieser vor fünf Jahren starb. Und hier lag auch das Problem, das Alex' Freude am geschäftlichen Erfolg trübte: seine Frau Phyllis.

Nachdem der Ballsaal völlig geräumt war, gab Alex der Putzkolonne das Zeichen zum Arbeitsbeginn, dann begab er sich zum Parkplatz. Der Bus der Band, ein Lieferwagen und sein eigenes Auto waren die einzigen Fahrzeuge, die nach dem heutigen erfolgreichen und turbulenten Abend auf dem Parkplatz verblieben waren. Alex trat an seine Limousine, öffnete die Tür und klemmte sich hinter das Lenkrad. Auf dem Rücksitz lag Phyllis, in ihren Nerz gekuschelt. Jetzt setzte sie sich auf und blinzelte in das Licht der Innenbeleuchtung.

„Geht es dir mittlerweile besser?“ fragte er.

Wie üblich klang ihre Stimme weinerlich. „Ich habe ein

bißchen geschlafen", sagte sie, „aber ich bin total durchgefroren."

„Ich habe dir doch gesagt, du sollst dir ein Taxi nehmen und nach Hause fahren."

„Was? Mitten in der Nacht und ganz allein? Du weißt, welche Ängste ich ausstehe, seit diese Dorrit am Strand erwürgt wurde."

„Das war zwei Meilen von hier entfernt, und außerdem war es vor einem Monat", sagte Alex.

„Aber die Polizei hat den Täter immer noch nicht geschnappt. Alex, warum bist Du so spät gekommen? Du weißt, daß ich Kopfschmerzen habe."

Alex startete den Motor und verließ den Parkplatz. Um diese Zeit waren die Straßen leer. Was noch auf den Beinen war und wo noch Lichter brannten, das lag bald tief unter ihnen, während sie der Hochlandsiedlung entgegenfuhren. Harry Dragerman hatte das Land, auf dem die Villen jetzt standen, als billigen Ackergrund gekauft, und als Alex die Geschäfte übernahm, verwandelte er das Ganze in ein vornehmes Villenviertel mit Blick auf das Meer.

Während er so dahinfuhr, beobachtete er Phyllis im Rückspiegel. Sie sah krank aus: bleich, käsig, das Gesicht aufgedunsen. Trotz Nerz und Pariser Modellkleidern wirkte sie unelegant. Sie war nie eine große Schönheit gewesen, aber früher war sie einmal appetitlich anzusehen und erfrischend unkompliziert in ihrer Art. Doch das Leben ist nun mal nicht unkompliziert. Jetzt, als erfolgreicher Mann, sehnte sich Alex nach einer Partnerschaft, die ihn ausfüllte. Phyllis war eigentlich immer Harry Dragermans kleines Mädchen geblieben, leider. Denn nichts wirkt lächerlicher als ein fünfunddreißigjähriger Teenager.

„Ich dachte, Dr. Cooperman meint, daß die Kopfschmerzen jetzt endgültig geheilt sind", sagte Alex. „Na ja, psychosomatisch und geheilt, was heißt das schon? Der liebe Gott allein weiß, was wir ihm dafür bezahlt haben."

„Laß uns über etwas anderes reden", meinte Phyllis. „Mir geht es sofort wieder gut, wenn ich ein heißes Bad genommen habe. Die vielen Menschen und die fürchterliche Musik..."

„Es ist der beste Beat, der heutzutage zu kriegen ist!"

„Ja, ich weiß", sagte sie, „in geschäftlichen Dingen hast du immer recht, Alex."

Bedauerlicherweise traf die Gruppe auch nicht ganz Claudias Geschmack, aber sie würdigte zumindest deren technische Qualitäten. Phyllis war im Gegensatz dazu einfach nicht in der Lage, Kompromisse irgendwelcher Art zu schließen. Sie war genauso stur wie ihr Vater, dessen Geschäftspraktiken dazu geführt hatten, daß er fünfzig Jahre lang am Rande des geschäftlichen Ruins gelebt hatte.

„Phyllis", sagte er plötzlich. „Ich glaube, Dr. Cooperman hat recht. Diese Kopfschmerzen sind psychisch bedingt. Es liegt an unserer Ehe: Wir passen nicht zueinander. Das Vernünftigste wäre, wir würden uns trennen."

Er wußte genau, wie Phyllis reagieren würde. Man konnte sie leicht durchschauen.

„Alex, fang bitte nicht wieder damit an", bat sie.

„Warum eigentlich nicht? Es ist doch die Wahrheit. Wir

beide wissen es. Laß dich von mir scheiden, Phyllis, und es wird dir herrlich gehen."

Phyllis versteckte das Gesicht in ihrem Nerz. Sie wußte, daß sie jetzt die besseren Karten in der Hand hielt und wie sie sie ausspielen mußte.

„Es ist doch Claudia Shane, oder nicht? Deshalb hast du mich auch so lange im Wagen sitzen lassen. Du warst mit ihr zusammen. Ich sah sie herauskommen."

„Phyllis, laß jetzt Mrs. Shane aus dem Spiel. Es dreht sich um dich und mich.

Das blasse Gesicht in Alex' Rückspiegel lächelte wissend.

„Also bitte, wenn es nur eine Angelegenheit zwischen dir und mir ist, dann stimme ich der Scheidung zu", sagte Phyllis. „Aber das ist auch alles, was du von mir bekommst. Absolut alles. Bist du dir darüber im klaren?"

Alex krallte sich am Steuerrad fest. Sein Fuß drückte das Gaspedal nieder, und der Wagen schoß mit überhöhter Geschwindigkeit die Steigung hinauf. Es war, als versuchte er damit, dem näselnden weinerlichen Stimmchen auf dem Rücksitz zu entkommen.

„Ich weiß, du findest das unfair von mir", sagte sie. „*Du* hast ja das Vermögen gemacht. Aber mit dem Betrieb, den ich von meinem Vater geerbt habe. Und der gehört noch immer mir, Alex."

„Phyllis, halt den Mund", sagte Alex.

„Du weißt, daß es so ist, du kennst die gesetzlichen Bestimmungen. Kannst du noch eine Million verdienen, Alex? Bist du sicher, daß Claudia dich noch will, wenn du es nicht kannst? Glaubst du wirklich, daß du dir in ihre mondäne Welt ohne dickes Bankkonto Zutritt verschaffen kannst?"

„Phyllis, wenn du nicht sofort den Mund hältst . . ." drohte Alex.

Und jetzt begann Phyllis zu schreien. Instinktiv bremste Alex. Sie schleuderten um die Kurve. Dicht vor ihnen tauchten die Rücklichter eines Polizeiwagens auf. Aus einer breiten Einfahrt näherte sich ein Rettungswagen. Als er den Wagen endlich zum Stehen gebracht hatte, pflanzte sich eine wuchtige Gestalt im Ledermantel vor ihnen auf.

„Sind Sie es, Alex Ward?" brüllte der Mann wütend.

Es war Captain Jimmy Collins von der städtischen Polizeidirektion in Solar Point. Er steckte seinen Kopf durch das offene Fenster der Fahrertür und polterte los: „Es hätte nicht viel gefehlt, und sie hätten meinen Dienstwagen gerammt, Alex. Ich würde Ihnen am liebsten einen Strafzettel verpassen. Leider habe ich dazu jetzt keine Zeit. Fahren Sie gefälligst vorsichtig an der Ambulanz vorbei und machen Sie, daß Sie nach Hause kommen."

Der Rettungswagen war jetzt in gleißendes Scheinwerferlicht getaucht, die Hecktüren standen weit offen. Aus dem Halbdunkel näherten sich zwei weißgekleidete Gestalten, die eine zugedeckte Gestalt auf einer Bahre trugen.

„Das ist doch das Haus der Familie Sanderson", sagte Phyllis. „Was ist passiert?"

Collins zögerte. Er gehörte zu den wortkargen Berufskriminalisten, die es nicht ausstehen konnten, wenn ihre Tätigkeit von Unbefugten beobachtet wurde, die noch dazu

Fragen stellten. Leider war jetzt die Bahre nicht mehr zu übersehen. Zu allem Unglück stürzte in diesem Augenblick auch noch ein dünner, langer Kerl den Weg herunter. Sein zerknitterter Regenmantel flatterte beim Laufen. Er konnte durch seine beschlagenen Brillengläser nicht allzuviel vor sich erkennen. Immerhin konnte er den Captain ausmachen.

„Alle möglichen und unmöglichen Spuren gesichert", erklärte er mit näselnder Stimme. „Ich glaube, wir kommen hier auch nicht viel weiter als im Falle Dorrit, aber in ein paar Stunden werde ich vielleicht mehr wissen. Rufen Sie mich im Labor an."

„Der Fall Dorrit?" wiederholte Phyllis.

„Ennis, halten Sie den Mund!" befahl Collins.

Jetzt war es heraus! Bei dem mageren Mann handelte es sich um Wesley Ennis, verantwortlich für das Einmannlabor der Polizeistation in Solimar. Ein Wissenschaftler, der seine Arbeit liebte. Im Umkreis von fünfzig Meilen gab es niemanden, der es mit diesem Fachmann hätte aufnehmen können.

Seine Anwesenheit bei den Sandersons konnte nur eines bedeuten! Notgedrungen erzählte Collins, was vorgefallen war: Die Sandersons waren von einem Ball zurückgekommen und hatten Angie Parson, ihre siebzehnjährige Babysitterin, tot aufgefunden. Sie war mit einem ihrer eigenen Seidenstrümpfe stranguliert worden, ähnlich wie kürzlich das Mädchen Dorrit im Strandhaus.

Phyllis begann auf ihrem Rücksitz zu wimmern, und diesmal war Alex ihr nicht einmal böse. Auch er fühlte, genauso wie sie, eiskalte Angst.

Ennis zog einen hellblauen Lappen aus seiner Tasche, nahm seine Brille ab und putzte sie umständlich. Dann setzte er sie wieder auf und gähnte herzhaft.

„Ich kann mir einfach nicht erklären, warum Mörder immer zu so unpassenden Zeiten zuschlagen", meinte er. „Also dann bis später, Captain."

Ennis machte Anstalten zu gehen, da ertönte aus der Nähe des Hauses ein lauter Schrei. Kurz darauf krachte ein Schuß. Dann hörte man deutlich die hastigen Schritte eines Flüchtenden.

„Stoppt ihn! Haltet den Mann auf!"

Im selben Augenblick stürzte ein schlanker Mann ins Scheinwerferlicht. Er trug enganliegende Hosen und eine Lederjacke. Geblendet und geschockt von der Helligkeit stand er einen Moment wie erstarrt da. Ennis schien vor Schreck wie gelähmt, aber Collins reagierte automatisch. Er machte einen Schritt auf den Unbekannten zu und trieb ihn in die Arme seines Verfolgers.

„Ich habe nichts getan", schrie der Mann laut. „Ich habe wirklich nichts verbrochen!" Verzweifelt versuchte er sich loszureißen.

Es war ein Halbwüchsiger, fast noch ein Kind, und er klammerte sich, außer sich vor Angst, an Wards Wagen. Dabei konnte jeder sehen, daß seine Hände in Handschuhen steckten.

„Wir stöberten ihn in der Garage auf", sagte der Polizist, der ihn verfolgt hatte.

„Ich habe dort geschlafen, mir war kalt. Die Garage stand

offen. Ich setzte mich rein und bin eingeschlafen. Plötzlich hörte ich eine Sirene."

„Mister", er wandte sich an Alex, „helfen Sie mir doch. Ich habe nichts gestohlen, ich habe auch niemand verletzt. Mann, helfen Sie mir! Bitte!"

Collins zerrte den seltsamen Vogel vom Auto weg. Zuvor hatte Alex Ward Zeit gehabt, sich den Jungen genau anzusehen.

Die Fundamente einer zivilisierten Gesellschaft ruhen auf dem Gesetz. Das wußte auch Captain Collins, und er achtete das Gesetz. Aber wie alle guten Kriminalisten biß er sich oft an den Gesetzesvorschriften die Zähne aus. Der junge Kerl mit der Lederjacke nannte sich selbst Arne Farmer. Er hatte ein abgewetztes Portemonnaie bei sich, in dem er zwölf Dollar aufbewahrte. Sie stammten von seiner letzten Lohnabrechnung als Aushilfe an einer Würstchenbude am Strand, wie er behauptete. Es war alles, was er noch besaß. Den Job hatte er bereits beendet.

Farmer war ein Gelegenheitsarbeiter, ein „Herumtreiber", wie Collins es bezeichnete. Er gab an, in San Diego zu Hause zu sein, und sagte, er sei Vollwaise. Hier am Ort konnte er keinen festen Aufenthaltsort angeben, und deshalb war Collins gerade drauf und dran, ihn vorläufig festzunehmen, als Alex Ward auf dem Polizeirevier aufkreuzte. Die Rolle, die er hier spielen sollte, war etwas außergewöhnlich.

Noch bevor er in Harry Dragermans Unternehmen einheiratete, hatte Alex einen offiziellen Titel als Rechtsexperte erworben und kümmerte sich als Mitglied einiger sozialer Vereine um die Unterstützung von entlassenen Strafgefangenen.

Collins saß in seinem Bürostuhl und rauchte genüßlich, als Wesley Ennis ihn aufsuchte. Ennis hatte seinen Regenmantel abgelegt und sich eine weiße Leinenjacke übergestreift. Er blickte spöttisch mit übergroßen Eulenaugen durch seine dicken Linsen.

„Mr. Ward“, sagte er, „ich wußte gar nicht, daß ein Mann wie Sie sich auf diesem Gebiet mit unserer Justiz beschäftigt. Ich dachte, Sie trachten einzig und allein danach, Geld zu scheffeln.“

„Ist es verboten, Geld zu verdienen?“ konterte Alex spitz.

„Nein, gewiß nicht. Leider haben wir – der Captain und ich – keine Erfolge beim Geldverdienen. Aber unser Beruf bietet uns manchen Ersatz dafür. Natürlich ist der Captain an einer Festnahme interessiert. Der Druck, den die Öffentlichkeit auf ihn ausübt, verlangt nach schnellen Ergebnissen. Ich persönlich interessiere mich nur für die wissenschaftliche Seite, für die Lieferung von Beweisen. Es tut mir aber in diesem Fall ehrlich leid, Captain, daß keinerlei Beweise vorliegen. Ich habe am Tatort keine Fingerabdrücke von Farmer gefunden, kein Stoffteilchen von seiner Kleidung und nicht einmal Schmutz von seinen Schuhen, den er aus der Garage ins Haus hätte tragen können.“

Alex Ward kamen diese Feststellungen aus Ellis' Mund sehr gelegen. „Somit würde eine Verhaftung von Arne Farmer...“

„. . . gegen das Gesetz verstoßen“, ergänzte Ennis.

„Dann können Sie ihn also nicht mehr festhalten?“

„Nicht ohne ein Geständnis von ihm“, seufzte Collins. „Obwohl er in meinen Augen ganz schön verdächtig ist. Er gibt zum Beispiel zu, seit mehr als vier Wochen hier zu sein. Er arbeitete am Strand. Wie leicht konnte er dort dieser Dorrit begegnen?“

„Jeanne Dorrit wurde übrigens nicht beraubt“, warf Ellis schnell ein.

„Und die Babysitterin von Parsons?“ fragte Alex.

„Auch nicht.“

„Ist der Täter etwa nicht ganz normal, hängt das mit den Strümpfen zusammen . . . ?“

„Sie waren selbst Zeuge. Vielleicht erinnern Sie sich noch daran, daß Farmer Handschuhe trug, als er sich an Ihrem Auto festkrallte. Und trotz alledem, man kann Farmer nicht nachweisen, daß er sich außer in der Garage auch im Haus der Sandersons aufgehalten hat. Deshalb sind dem Captain die Hände gebunden. Wir werden Farmer wohl oder übel freilassen müssen.“

„Damit er weitermorden kann“, knurrte Collins.

„Aller Wahrscheinlichkeit nach wird er das wohl tun“, bestätigte Ellis.

„Wenn es sich bei ihm um einen kranken Mann handelt, dann muß er wieder morden. Kein angenehmer Gedanke. Habe ich recht, Mr. Ward?“

„Es ist vor allem kein schöner Gedanke für die Damen von Solimar Point“, antwortete Alex.

Wie Ennis vorausgesagt hatte, wurde Farmer nur noch drei Tage festgehalten, so lange, bis man seine Aussagen bestätigt fand und seine Fingerabdrücke in Washington überprüft worden waren. Er war absolut sauber. Keine Vorstrafen, auch nicht die geringste Eintragung. Captain Collins hatte also gar nichts in der Hand. Jetzt konnte er nur noch den Mann so weit wie möglich weg von Solimar Point verfrachten.

Er brachte Farmer zum Busbahnhof und an den ersten Bus nach San Diego. Dort traf er Alex Ward, der durch einen Telefonanruf auf dem Polizeirevier von Collins Plan gehört hatte. Inzwischen hätte er sich die Sache mit Arne Farmer eingehend überlegt, meinte er, und nun sei er zu dem Schluß gekommen, daß es doch recht unfair wäre, den armen einsamen Jungen, ohne Hoffnung auf eine rechte Zukunft, einfach aus der Stadt zu schmeißen wie ein lästiges Stück Dreck.

„Von Farmer existiert jetzt eine Strafakte mit Fingerabdrükken“, sagte er zu Collins, „und ich möchte wetten, daß Sie auch schon die Polizei von San Diego darüber informiert haben, daß er auf dem Weg dorthin ist. In dem Augenblick, wo er einen Job findet und man nachforscht, was mit ihm los ist, fliegt er in hohem Bogen wieder raus. Denn wer will schon einen unter Mordverdacht stehenden Mann einstellen?“

„Und was soll ich jetzt noch tun?“ fragte Farmer herausfordernd. „Soll ich mich vielleicht umbringen?“

„Ich habe Ihnen in der Nacht Ihrer Verhaftung geholfen“,

erinnerte ihn Alex, „und ich fühle mich jetzt weiterhin für Sie verantwortlich. Ich habe vier Meilen außerhalb der Stadt ein neues Wohn- und Siedlungsgebiet erschlossen. Die Baubaracke ist fertig, Licht- und Wasseranschluß sind vorhanden. Ich brauche für das Gelände einen Wächter. Würden Sie gegen Kost, Logis und fünfzig Dollar die Woche auf die Hand den Job übernehmen? Er gehört Ihnen dann, solange Sie ihn haben wollen. Vielleicht findet Captain Collins inzwischen auch den wahren Mörder. Dann sind Sie von allem Verdacht frei."

„Sie erhalten hier eine einmalige Chance", sagte Collins bedeutungsvoll.

Alex nahm Collins beiseite. „Es ist doch wirklich besser, wir wissen, wo Farmer sich aufhält, solange er noch unter Verdacht steht. In San Diego würden sie ihn im Zweifelsfall vielleicht gar nicht mehr erwischen, denn die mexikanische Grenze ist verdammt nah."

Unter diesem Aspekt betrachtet, fand Collins schließlich und endlich den Vorschlag von Alex Ward sehr gut.

Farmer selbst hatte keine andere Wahl. Er stieg aus dem Polizeiwagen zu Alex um, und dieser brachte ihn gleich zum Baugelände.

Farmer gefiel die tolle, große Limousine. Er streckte erst einmal genüßlich die Beine aus und starrte auf seine Schuhe. Nach einigen Minuten fing er an, seine Taschen nach einer Zigarette zu durchforsten. Alex sah es und drückte ihm seine eigene Schachtel in die Hand. Dazu steckte er eine funkelnagelneue Fünfzigdollarnote.

„Sie gehört Ihnen, ist echt."

„Wofür geben Sie mir das Geld?" fragte Farmer erstaunt.

„Als Vorschuß für Ihre Arbeit, aber nur unter einer Bedingung: Sie dürfen in den nächsten Tagen nicht in die Stadt gehen, um es auszugeben. Die Leute dort sind wegen der Mordfälle sehr aufgebracht und im Augenblick noch unberechenbar."

Dankend nahm Farmer die Geldnote an und steckte sie in seine Jackentasche. Dann holte er sich eine Zigarette aus der Schachtel und benutzte mit Begeisterung den Zigarettenanzünder am Armaturenbrett. Als er sich nach vorne beugte, entdeckte er einen Schriftzug auf dem verchromten Schild: DIESER WAGEN WURDE FÜR ALEX WARD ANGEFERTIGT.

Farmer lachte hell auf. „Alex Ward, ein tolles Ding", sagte er. „Jetzt, wo wir allein sind, können Sie mir vielleicht erklären, warum Sie das alles für mich tun."

„Würden Sie sich gerne ein hübsches Bündel von zwanzig solcher Scheinchen extra verdienen?" fragte Alex, „und dazu noch einen schönen Job in Südamerika?"

„Und was passiert, wenn ich da nicht mitmache?"

„Gar nichts – außer daß irgend jemand die Hitzköpfe in Solimar Point dazu bringt, eines Nachts das Baubüro zu stürmen, um damit sicher zu gehen, daß es keinen weiteren Strumpfmord gibt."

Nach diesem Satz herrschte zwischen Alex und Arne ein absolutes Einverständnis.

Das Baubüro war mit einer Kochplatte und einem Feldbett

notdürftig ausgestattet. Die Konserven im Wandschrank reichten für eine Woche. Diese Zeit, so erklärte Alex, würde er brauchen, um inzwischen Paß und Flugticket für die Reise nach Südamerika zu besorgen.

Der junge Mann schien bereitwillig all seinen Anweisungen zu folgen. Alex quälte nur eine Sorge, als er auf der Rückfahrt alles noch einmal überdachte: Würde der Junge auch der Versuchung widerstehen können, die der Fünfzigdollarschein für ihn darstellte?

Das *Rote Segel* gleich neben dem neuen Jachthafen war ein gemütliches Lokal. Als Alex eintraf, entdeckte er Claudias Wagen auf dem Parkstreifen. Eilig stürzte er in das Restaurant. Claudia saß bereits in der üblichen Nische vor ihrem üblichen Drink. Er warf einen Blick auf seine Uhr: Es war genau fünf.

„Hier bin ich, wie versprochen", sagte er.

„Sehr erfreulich", antwortete Claudia kurz angebunden. „Eigentlich wolltest du mich ja zum Mittagessen ausführen. So etwas fördert die Freundschaft", fügte sie ironisch hinzu.

„Aber du weißt doch, daß wir gestern nacht auf dem Heimweg vom Country Club in diese gräßliche Sache geraten sind."

„Ja." Claudia hatte es gehört. Die Zeitungen und Nachrichtensendungen waren voll davon, und die verrücktesten Gerüchte kursierten in der Stadt.

„Sie haben den Kerl laufenlassen", sagte sie. „Man kann sich nur fürchten. Ich werde mir zu meinem Schutz einen großkalibrigen Revolver kaufen oder so etwas Ähnliches."

„Brauchst du nicht", beruhigte sie Alex, „ich habe gerade den jungen Mann unter meine Aufsicht gestellt."

„Na gut, sprechen wir von etwas anderem. Sag mal, Alex, hat Phyllis..."

„Ja, sie hat sich mit der Scheidung einverstanden erklärt. Also trink mit Genuß, und fühle dich bereits als hübsche Braut. Alles läuft wie geschmiert."

Claudia nahm sich zusammen. Eine Claudia Shane ist viel zu vornehm, um jetzt loszuheulen. Aber ihre Augen wurden feucht und die Stimme schien ihr fast zu versagen.

„Wie hast du das nur geschafft?"

„Ich besitze Zauberkräfte", scherzte Alex. „Phyllis hat eben endlich eingesehen, daß zivilisierte und vernünftige Menschen sich gegenseitig achten müssen und nicht sich gegenseitig vernichten. Sie wirkt eigentlich sehr gefaßt. Du hast doch gewiß Verständnis dafür, daß sie das Haus behält. Über alles andere werden wir einen Vertrag über Gütertrennung schließen müssen. Immerhin hat ein Partner, der fünfzehn Jahre mit einem zusammengelebt hat, Anspruch auf mehr als nur ein Dach über dem Kopf."

„Alex, was hast du nur angestellt, um das zu erreichen? Sie war doch bisher so strikt gegen eine Scheidung."

„Mißgunst führt eben zu nichts", sagte er und streichelte zärtlich ihre Hand. „Auf ein neues Leben!" Sie stießen miteinander an und leerten in großen Zügen ihre Gläser. Alex schwebte auf einer Wolke des Glücks.

Seit dem Augenblick, da Arne Farmer in seinen Wagen gestiegen war, boten sich die herrlichsten Ausblicke auf die

Zukunft. Ein neuer, heiterer Lebensabschnitt hatte begonnen.

Der Rest des Abends gehörte Claudia. Er wollte sich mit ihr unterhalten und ihr zuhören. Doch dazwischen ertappte er sich, wie er immer wieder in Gedanken seinen Plan auf Schwachstellen überprüfte. Aber es gab keine, stellte er befriedigt fest. Phyllis war für ihn längst zum leblosen Gegenstand geworden. Sie existierte nur noch als zentrale Gestalt in einem Drama, das demnächst über die Bühne gehen sollte.

Am folgenden Nachmittag erschien Alex auf dem Polizeirevier, um einen kurzläufigen 38er Revolver registrieren zu lassen. Captain Collins war gerade in seinem Büro und gab offen seine Ansicht über Wards Wunsch zum besten.

„Haben Sie es wirklich nötig, sich auch eine derartig blödsinnige Privatwaffe anzuschaffen?" schimpfte er. „Jeder macht das jetzt. Daß Sie auch zu diesen Leuten gehören, hätte ich nicht von Ihnen gedacht. Wissen Sie überhaupt, wie viele Menschen durch Unfälle mit solchen Waffen jährlich ums Leben kommen?"

„Es war Phyllis' Idee", entschuldigte sich Alex. „Sie ist nur noch ein Nervenbündel seit dem Mord an dem Parson-Mädchen. Immerhin geschah das nicht sehr weit von unserem Haus entfernt."

Collins zuckte mit den Schultern. „Ich kann Ihnen den Besitz einer Waffe nicht verbieten, aber ich kann an Ihren Verstand appellieren und Sie inständig bitten, damit vorsichtig umzugehen. Füllen Sie bitte den Vordruck hier aus."

Alex hatte Collins belogen. In Wirklichkeit besaß er schon eine Pistole, aber er brauchte einen glaubwürdigen Vorwand, um bei der Polizei aufkreuzen zu können. Collins sollte nachdrücklich daran erinnert werden, daß Phyllis wegen der Morde die Nerven verloren hatte, und daß er, als braver Ehemann, sich um ihren Schutz bemühte.

Außerdem brauchte er auch einen Grund, um Wesley Ennis aufzusuchen und von ihm zu erfahren, ob er bei den Untersuchungen der beiden Mordfälle weitergekommen war und ob sich neue Verdachtsmomente ergeben hatten.

Das Labor war nur immer dann von innen verschlossen, wenn Ennis wichtige Untersuchungen durchführte. Er wollte so vermeiden, daß Unbefugte an sein Material herankämen. Alex hatte diesmal Glück. Er fand den Einmannkriminaluntersuchungslaboranten, wie er sich gerade über einen dicken Wälzer beugte. Froh über den Besuch klappte Ennis sogleich den Folianten zu und begrüßte den Gast.

Wie alle Männer, so war auch Ennis nicht frei von Eitelkeit. Alex schmierte ihm so lange Honig um den Bart, bis Ennis ihm die Beweismittel vorlegte, die er besaß. Er zeigte ihm die zwei Mordwaffen: Je einen Seidenstrumpf.

„Jeder Mörder hat seine eigene Handschrift", erklärte Ennis. „Daher bin ich auch ganz sicher, daß das Mädchen Dorrit und das Parson-Mädchen von dem gleichen Mann umgebracht wurden. Kleinigkeiten in der Technik beweisen mir das. Wir wissen nicht, was geschah, als sich der Mörder seinen Opfern näherte, vielleicht haben sie geschrien. Doch das Strandhaus liegt sehr einsam und das Haus der Sandersons auf einem Hügel."

„Und die Sandersons waren an diesem Abend aus. Der Mörder muß das gewußt haben", ergänzte Alex.

Wesley Ennis warf einen strengen Blick durch seine dicken Brillengläser. Das hier war sein Fachgebiet, und er führte die Unterhaltung.

„Ich kann mir vorstellen, daß es für den Killer nicht schwer war, das festzustellen, wenn er das Haus aus seinem Versteck heraus beobachtete. Das Parson-Mädchen wohnte weiter unten am Hang. Sanderson mußte sie dort abholen und brachte sie gegen sieben Uhr dreißig in sein Haus. Das fand in aller Öffentlichkeit statt. Was immer jedoch geschehen sein mag, ehe das Mädchen erwürgt wurde, kann man nur vermuten. Es gibt Spuren, die darauf hinweisen, daß ein Kampf stattgefunden haben könnte. Am Interessantesten jedoch ist, daß beiden Mädchen nur ein Kleidungsstück ausgezogen wurde – ein Paar Strümpfe."

Alex hielt die Beweise in seinen Händen. Jeder der Strümpfe war fein säuberlich in eine Plastiktüte verpackt.

„Sie erwähnten soeben ‚ein Paar Strümpfe'", bemerkte er. „Ich sehe hier vor mir nur zwei einzelne Strümpfe."

„Ganz richtig", antwortete Ennis. „Das ist auch einer der Gründe, warum man Farmer freigelassen hat, denn er hatte den zweiten Strumpf nicht bei sich. Collins Leute konnten ihn auch nicht in Sandersons Garage finden. Wir nehmen an – ohne dafür in diesem speziellen Fall einen Beweis zu haben – daß er die anderen Strümpfe irgendwo versteckt hat. Man hat in ähnlichen Mordfällen mit derartigen Tätern solche Erfahrungen gemacht. Die Strümpfe sind für den Täter eine Art Fetisch. Er wird wiederkommen und sein Versteck aufsuchen. Was glauben Sie, Mr. Ward, wo wird man sie finden?"

Alex fühlte sich nicht wohl in seiner Haut. Ennis schien seine Überlegenheit zu genießen, und seine großen Eulenaugen schienen durch die Stirn des anderen hindurchzublicken und seine Gedanken zu lesen.

„Falls Sie mir Angst einflößen wollen", sagte Alex, „geben Sie sich keine Mühe. Ich bin abgehärtet."

Ennis lächelte dünn.

„Sie müssen es auch sein. Haben Sie jemals ein erwürgtes Mädchen gesehen? Ich habe hier einige Fotos ..."

Alex schreckte instinktiv zurück und blickte zur Seite.

„Nicht sehr schön, der Anblick", bemerkte Ennis. „Ich besitze ein ganzes Album mit solchen Aufnahmen. Opfer von Mordtaten mit den verschiedensten Waffen, von Revolvern, Messern, sogar Äxten. Wir leben in einer Zeit der Gewalt, Mr. Ward. Für mich ist der Würgemord einer der scheußlichsten und primitivsten von allen. Man gebraucht die eigenen Hände, und das Opfer ahnt und erlebt, was mit ihm geschieht. Das drückt sich deutlich im Antlitz der Toten aus."

„Entschuldigen Sie mich jetzt bitte", sagte Alex in plötzlicher Eile. „Ich muß meine Frau vom Arzt abholen."

„Ach so", sagte Ennis und legte die Bilder wieder weg. „Hoffentlich handelt es sich nicht um etwas Ernstes?"

„Das meiste ist eingebildet, wie immer", sagte Alex. „Sie wissen ja, wie Frauen sind."

„Tut mir leid, ich bin nicht verheiratet, außer mit meinem Beruf, Mr. Ward. Kommen Sie mich wieder mal besuchen, wenn Sie mehr Zeit haben. Ich besitze da einige sehr interessante Farbdias . . ."

Alex übersah auf seinem Weg zum Arzt zweimal das Rotlicht. Entweder besaß Ennis eine krankhaft sadistische Anlage, oder er hatte durch seine Arbeit total das Gefühl dafür verloren, was man normalen Menschen noch zumuten durfte. Als er endlich den Parkplatz erreichte, war er in Schweiß gebadet. Seine Hände verkrampften sich am Steuerrad. Da saß er nun im hellen Sonnenschein und versuchte, nüchtern und sachlich über seine eigenen Mordpläne nachzudenken. Er erinnerte sich gut an die Zeit, als er Phyllis wirklich noch liebte. Das schäbige Unternehmen vom alten Dragerman hatte ihn damals bestimmt nicht gereizt, sie zu heiraten. Ehrlich gesagt, er hatte Phyllis geheiratet, weil es einfach zum Leben dazugehörte, nicht ledig zu bleiben. Jetzt versuchte er, sie wieder loszuwerden, aber er wollte auf keinen Fall, daß sie dann so aussehen würde wie die Gesichter auf Ennis' Fotos. Deshalb nahm er sich vor, lieber noch einmal den Versuch zu machen, sie zur Scheidung zu überreden.

Phyllis trat jetzt aus Dr. Coopermans Praxis und blickte sich auf dem Parkplatz um. Dann schritt sie auf den Wagen zu. Wirklich, sie war zu fett geworden und besaß dazu noch die Geschmacklosigkeit, sich ausgerechnet Kleider zu kaufen, die diesen Umstand noch unterstützten. Doch Alex übersah im Augenblick diese Tatsachen. Er versuchte, sich vorzustellen, wie sie vor fünfzehn Jahren ausgesehen hatte: sanft, fraulich und ungeheuer schutzbedürfig. Eine längst verloren geglaubte Welle der Sympathie stieg in ihm auf. Er sprang aus dem Wagen und hielt ihr die Tür auf. Phyllis betrachtete sein Verhalten mit unverhohlenem Mißtrauen.

„Was zum Teufel ist in dich gefahren?“ fragte sie giftig. „Hat der Doktor dich angerufen? Freu dich bitte nicht zu früh, Alex, ich werde wahrscheinlich noch gut vierzig Jahre leben. Du bist doch hoffentlich sehr glücklich über diese Nachricht?“

Alex wurde schnell aus seinen Träumen gerissen.

„Aus welchem Grunde sollte mich der Doktor anrufen?“ fragte er kühl.

„Mach dir keine Gedanken, wenn es mir wirklich mal schlechtgeht, wirst du nichts von ihm erfahren... Hier, dieses Rezept könntest du auf dem Heimweg in der Apotheke abgeben. Und rase bitte nicht wieder so wie neulich, als wir um ein Haar den Polizeiwagen gerammt hätten. Ich habe mir vorsorglich ein Kissen besorgt, damit ich auf dem Rücksitz nicht mehr so hin- und hergeschleudert werde. Alex! Hörst du mir überhaupt zu?“

Nein, Alex war mit seinen Gedanken längst woanders. Er dachte daran, wie er Arne Farmer für seine Zwecke mißbrauchen konnte.

Wichtig war es, zuerst einmal einen Plan von dem Haus anzufertigen, in dem die Räumlichkeiten, die Phyllis bewohnte, deutlich eingezeichnet waren und vor allem die verschiedenen Ein- und Ausgänge. Farmer besaß ja nicht gerade einen riesigen Verstand. Aus diesem Grunde mußte der Plan einfach und übersichtlich gestaltet sein.

Der Besuch in Ennis' Labor hemmte ein wenig seinen Tatendrang. Aber er hatte Ennis aufsuchen müssen, um zu erfahren, was es mit dem Fetisch und den Strümpfen auf sich hatte. Alex nahm sich vor, noch am selben Abend ein Paar aus Phyllis' Schrank zu nehmen.

Phyllis war unmittelbar nach dem Arztbesuch zu Bett gegangen. Das Mittel, das Dr. Cooperman ihr verschrieben hatte, war für ihr Herz bestimmt. Die Medizin stand jetzt auf dem Nachttisch neben ihrem Bett. Alex hatte nichts gegen die eingebildeten Krankheiten seiner Frau. Er bestärkte sie vielmehr in ihrer Wehleidigkeit, denn sie war dann leichter zu ertragen.

Nach dem Tod ihres Vaters hatte sie nach und nach so gut wie alle bekannten Krankheiten und darüber hinaus noch einige unbekannte bekommen. Auf einige mehr oder weniger, die Alex ihr zusätzlich einredete, kam es dann auch nicht mehr an.

Was seine jetzigen Pläne betraf, so ging es vor allem darum, seine Urheberschaft zu vertuschen. Er nahm sich einen Tag frei und fuhr zum Flughafen von Los Angeles. Mit der Ausrede, er müsse schnell mal zum Telefon, überredete er einen Mann in der Schlange vor dem Flugschalter, ihm inzwischen einen einfachen Flug nach Buenos Aires zu buchen. Dem Safe im Clubbüro entnahm er neunzehn Fünfzigdollarscheine. Auf diese Weise gab es keine Abbuchungen auf seinem Bankkonto. Dann machte er sich, bewaffnet mit einer Kleinbildkamera, auf den Weg zur Baubaracke in den Bergen.

Arne Farmer lag auf dem Feldbett und nuckelte an einer Sodaflasche, als Alex die Baracke betrat. Er hatte sich aus dem Fünfzigdollarschein einen Papierflieger gefaltet und spielte damit ungeniert, während Alex ihm den Einsatzplan zu erklären versuchte: Um halb acht am kommenden Abend würde er das Haus verlassen, um zu einer Versammlung der Stadt Solimar Point zu fahren. Das Fenster neben dem Hintereingang bliebe nur angelehnt. Im Haus gäbe es keine Dienstboten, Phyllis wäre ganz allein. Farmer sollte sich ohne Umschweife in ihr Schlafzimmer begeben – sie hatte die Angewohnheit, immer eine kleine Lampe brennen zu lassen – und seine Arbeit so schnell wie möglich erledigen.

Alex zog die Strümpfe aus seiner Tasche.

„Ich habe Ihnen dieses Paar schon besorgt“, sagte er. „Sie können einen davon zu Ihrer Sammlung legen.“

Farmer nahm wortlos die Strümpfe an sich und schlenkerte sie einige Male vor seinen Augen hin und her, bevor er sie einsteckte.

„Was immer Sie wünschen“, seufzte er. „Sie sind hier der Boss, Mann.“

„Also gut, dann setzen Sie sich hin, damit ich ein paar Paßfotos von Ihnen machen kann. Ich habe einen Blanko-Paß, und ein Freund von mir wird fachgerecht Ihre Personalien ausfüllen.“

Es klang recht glaubwürdig, was er da Arne Farmer versprach, doch den Paß sollte er nie zu Gesicht bekommen.

Während Farmer sich in der gewünschten Pose zurechtsetzte, fragte er: „Wann krieg ich das Zeug endlich?"

„Morgen nacht, nachdem Sie den Auftrag erledigt haben. Ich werde die Sitzung um Punkt zehn Uhr verlassen. Fünfzehn Minuten brauche ich für die Heimfahrt. Um Viertel nach zehn treffen wir uns am Hintereingang, an der gleichen Stelle, an der Sie ins Haus eingestiegen sind. Sie bekommen dann von mir das Geld, den Paß, das Flugticket und genügend Zeit zum Verschwinden. Ich werde die Leiche nicht vor Morgengrauen entdecken. Später werde ich dann der Polizei erklären, daß ich am Abend vorsichtig an die Schlafzimmertüre meiner Frau geklopft habe und nachdem sie sich nicht meldete, annehmen mußte, daß sie bereits schlief. Das heißt: Zu dem Zeitpunkt, da Sie bereits irgendwo über Mexiko schweben, wird erst bekannt, daß ein dritter Würgemord in Solimar Point stattgefunden hat."

Farmer fing wieder an, von dem Paß zu reden. „Ich möchte das Ding erst mal sehen", motzte er.

Alex zog aus seiner inneren Jackentasche einen dicken Umschlag hervor und ließ Farmer einen Blick hineinwerfen. Der Umschlag enthielt neunzehn Fünfzigdollarscheine und das Flugticket. Als er seine Jacke aufknöpfte, konnte Farmer einen Blick auf den Revolver im Schulterhalfter werfen.

„Was haben Sie mit der Knarre vor?" fragte er.

„Sie dient zu meiner Verteidigung. Ich trage immerhin an die tausend Dollar in bar mit mir rum."

Einen Augenblick lang fürchtete Alex, daß Farmer ihn durchschaut hatte. Er zählte das Geld sehr sorgfältig und sah sich das Flugticket genau an. Als Alex seine Hand ausstreckte und das Kuvert wieder an sich nehmen wollte, gab ihm Farmer nur das Geldbündel zurück. Das Kuvert und den Flugschein behielt er.

„Nur für den Fall, daß Sie mich aufs Kreuz legen wollen", sagte er.

„Seien Sie nicht so mißtrauisch. Ich helfe Ihnen, und Sie helfen mir", antwortete Alex. „Wir brauchen uns doch gegenseitig. Also, gehen wir noch einmal den Plan durch."

Als Alex wieder in seinem Wagen saß, legte er das Geld und die Kamera ins Handschuhfach und verschloß es. Diese Gegenstände hatten bereits ihren Zweck erfüllt und wurden nicht mehr gebraucht. Leichten Herzens überließ er deshalb Farmer auch das Flugticket. Ohne den Paß konnte er damit nichts anfangen, aber es beruhigte ihn.

Am folgenden Abend betrat Alex noch einmal das Schlafzimmer von Phyllis. Sie lag wie hingegossen auf ihrem Bett, eine Pralinenschachtel neben sich und eine Kirchenzeitung in der Hand. Ihr Anblick löste bei ihm nur den sehnlichsten Wunsch aus, daß die kommenden Ereignisse erfolgreich vorübergehen würden.

„Ich habe gar nicht damit gerechnet, daß du dich noch einmal sehen läßt", sagte sie mit weinerlicher Stimme. „Ich müßte jetzt eigentlich meine Tropfen einnehmen, aber in der Karaffe ist kein Wasser mehr. Du solltest eine Krankenschwester für mich einstellen, Alex. Dr. Cooperman sagt, daß man mich nicht mehr lange allein lassen darf."

„Noch besser wäre es, Dr. Cooperman hätte dich darauf

hingewiesen, daß Pralinen dick machen und Fettpolster eine Gefahr für Herzkranke bedeuten", konterte Alex. „Er wird sich andererseits wohl kaum Sorgen darüber gemacht haben, daß du mich alleine läßt. Ich bin es doch, der das viele Geld verdient, das du so liebst. Du mußt es doch lieben, denn anders kann ich mir dein Verhalten nicht erklären. Sonst müßtest du mich doch laufenlassen."

Sie beantwortete seine Sticheleien nicht. Alex griff sich die Medizinflasche und trug sie ins Badezimmer. Seine Nerven waren offenbar mehr angeschlagen, als er sich eingestehen wollte, denn die Flasche rutschte aus seiner Hand und fiel in das Waschbecken. Die ganze, teure Medizin von Dr. Cooperman gluckerte durch den Ausguß. Sie war so klar wie das Wasser aus der Leitung. Das brachte ihn auf die Idee, die Flasche einfach wieder nachzufüllen. Er brachte ihr eine genau dosierte Menge davon, und Phyllis schluckte sie anstandslos. Dann stellte er die Flasche wieder auf den Nachttisch und brach zu seiner Konferenz auf.

Alex trat eher den Rückweg an, als es mit Arne Farmer ausgemacht war. Um halb zehn schon verabschiedete er sich und entschuldigte seinen frühen Weggang mit dem schlechten Gesundheitszustand seiner Frau. Auf dem letzten Stück Weg löschte er die Frontscheinwerfer und parkte den Wagen in einiger Entfernung vor der Einfahrt. Von hier schlich er sich zum Hintereingang seines Hauses.

Außer in Phyllis' Schlafzimmer brannte nirgendwo Licht. Die offenen Fensterflügel neben dem Hintereingang ließen darauf schließen, daß Arne Farmer sich bereits im Haus befand. Alex nestelte den Revolver aus dem Halfter und wartete darauf, daß sich etwas tat. Schneller als er vermutet hatte, rührte sich etwas im Haus. Er vernahm einen schrillen Schrei, kurze Zeit später stürzte Farmer in Panik aus der Tür.

„Hallo, Farmer, hier bin ich!" rief Alex.

Der junge Mann wirbelte herum. Als er Alex entdeckte, hob er flehentlich die Hände. „Mann", schnaufte er, „geben Sie mir den Paß und das Geld."

„Ist sie tot?"

„Und wie, sehen Sie doch selber nach. Und geben Sie mir endlich, was wir vereinbart hatten."

„Selbstverständlich", sagte Alex ganz ruhig und jagte Arne Farmer eine Kugel durch den Kopf.

Farmer fiel sofort lang hin. Alex beugte sich über ihn und fühlte seinen Puls, bis er sicher war, daß er nicht mehr lebte. Der große Umschlag mit dem Flugticket schaute aus einer der Taschen in der Lederjacke. Alex zog ihn heraus und steckte ihn wieder in seine innere Jackettasche. Erst jetzt betrat er das Haus und eilte mit schnellen Schritten zum Schlafzimmer seiner Frau. Ein Blick durch die Tür genügte ihm. Dann trat er ans Telefon und rief Captain Collins an.

Später, auf dem Polizeirevier, gab Alex einen umfassenden Bericht über die Vorgänge ab.

„Ich verließ die Sitzung etwas früher, weil es meiner Frau nicht sehr gutging und sie immer nervös wurde, wenn sie zu lange allein im Haus zurückbleiben mußte. Ich parkte diesmal den Wagen bereits vor der Einfahrt, weil mir irgend etwas verdächtig vorkam, und schlich mich um das Haus zum Hintereingang. Von dort konnte ich das Licht in Phyllis' Schlafzimmer brennen sehen und entdeckte das offenstehende Fenster neben dem Lieferanteneingang. Durch dieses Fenster muß Farmer vorher eingestiegen sein. Dann plötzlich hörte ich einen schrillen Schrei, und kurz darauf später stürzte Farmer aus dem Hintereingang. Er entdeckte mich natürlich sofort und schrie: „Sie ist tot! Ich habe Ihre Frau umgebracht!" Er schien wahnsinnig geworden zu sein, und das versetzte mich in Panik. Ich drehte selber durch und erschoß ihn.

Der Polizeistenograph legte den Bleistift beiseite. Captain Collins saß hoch aufgerichtet hinter seinem Schreibtisch und starrte Alex an. Ennis lehnte am Handtuchhalter, seine Augen waren nicht zu erkennen, denn das Neonlicht im Büro spiegelte sich in den dicken Gläsern. Alex saß steif in seinem Stuhl.

Collins war es schließlich, der das Wort ergriff: „Ich frage mich nur, warum Farmer behauptet haben soll, daß er Ihre Frau umgebracht hat. Er hätte doch spätestens, als er ihr den Strumpf um den Hals legte, merken müssen, daß sie bereits tot war."

„Sie war bereits tot?" Alex' Kehle wurde trocken. Er schluckte schwer. „Aber das kann doch nicht wahr sein, ich habe doch selbst gesehen ..."

„Sind Sie im Schlafzimmer Ihrer Frau gewesen, bevor Sie ans Telefon gingen, um mich anzurufen?"

„Nein", antwortete Alex, „ich warf nur einen Blick durch

die Tür und sah sie hingestreckt auf dem Bett mit einem Strumpf um den Hals. Ich wollte mit Absicht nicht das Zimmer betreten und nichts anfassen."

„Ich bin sehr froh darüber, daß Sie das nicht gemacht haben. Aber der Strumpf lag so locker um ihren Hals, daß sie davon nicht erwürgt werden konnte. Alex, Ihre Frau starb an einem Herzanfall. Kein Wunder also, daß Arne Farmer, als er dies entdeckte, schreiend aus dem Haus stürzte. Vermutlich hörte Ihre Frau, wie Arne Farmer ins Haus einbrach. Sie spürte, daß sie vor Schreck einen Herzanfall bekam und wollte an ihre Medizin. Man fand den Verschluß neben dem Nachttisch und die leere Flasche am Boden. Dr. Cooperman bestätigte die darauf vermerkte Anweisung für die Einnahme. Nur eines bleibt ein Rätsel: Wie die Laboruntersuchung ergab, befand sich in der Flasche keine Medizin, sondern nur reines Wasser."

„Das kann ich Ihnen erklären", sagte Alex. „Kurz bevor ich zur Sitzung fuhr, rutschte mir die Flasche zufällig in den Ausguß. Leider blieb keine Zeit mehr, um neue Medizin zu besorgen, und so füllte ich die Flasche notgedrungen mit Wasser. Ich wollte meine Frau nicht beunruhigen und ahnte ja nicht, daß die Medizin so wichtig für sie war. Seit Jahren kannte ich sie doch nur als eingebildete Kranke."

Collins hatte ihm ruhig zugehört. Während der ganzen Zeit verzog er keine Miene.

„Ich muß Ihnen Ihren Revolver abnehmen, Alex", sagte er nun.

„Meinen Revolver?"

„Ich kann Sie jetzt sogar aus diesem Grunde festnehmen, bis ich mehr Licht in die ganze Angelegenheit gebracht habe. Offenbar haben Sie übersehen, daß Sie für den Revolver nur eine Registrierung ausgefüllt haben und keine Genehmigung für das Tragen."

Collins trat mit wenigen Schritten an seine Seite und öffnete seine Jacke. Mit einem Griff zog er den 38er aus dem Halfter. Dabei streifte er versehentlich einen langen Umschlag, der in der Innentasche steckte.

„Ja, was haben wir denn da!" rief er erstaunt.

Alex begriff erst, was geschehen war, als Collins schon das Flugticket aus dem Umschlag zog.

Wesley Ennis' Gesichtszüge drückten Abscheu aus. Und Alex hatte keine Ausrede mehr zur Hand, als er ihm die Beweise vorlegte, die er aus dem Labor mitbrachte. Da war vor allem der Film aus der Kamera, die man in seinem Handschuhfach gefunden hatte. Und als Ennis ihm noch ein letztes Photo von Phyllis mit dem Strumpf um den Hals zeigte, begann Alex zu plaudern.

Nachdem man Alex in seine Zelle abgeführt hatte, drückte Collins Ennis die Hand und dankte ihm für seine Hilfe.

„Ich glaube, ich hätte Alex alleine nicht so schnell durchschaut", sagte er. „Sie besitzen offenbar hellseherische Fähigkeiten."

„Bedauere, nein", wehrte Ennis ab. „Es war ganz einfach. Sehen Sie, das ist eine uralte Erfahrung von mir: Jeder Täter hat seine ganz persönliche Handschrift. Ich brauchte nur einen Blick in das Schlafzimmer von Phyllis zu werfen, um zu wissen, daß diese Tat mit den beiden vorherigen nichts zu tun hatte."

Collins konnte ihm zwar nicht recht folgen, aber das tat nichts zur Sache.

Ennis begab sich wieder in sein Labor und verstaute die Strümpfe, die beinahe für einen Würgemord benutzt worden waren, in einer Plastiktüte. Es waren zwar keine richtigen Mordwaffen, aber sie gehörten in die Sammlung des Würgers.

Zu ärgerlich, daß jemand versucht hatte, den Stil eines anderen zu kopieren. Ennis untersuchte den zweiten Strumpf, den man bei Farmer gefunden hatte, faltete ihn sorgfältig zusammen und steckte ihn in seine Tasche. Es handelte sich zwar um einen Außenseiter, aber er wollte ihn trotzdem mit nach Hause nehmen, um ihn in die gleiche Schublade zu legen, in der er schon die Strümpfe aufbewahrte, die er Dorrit und dem Parson-Mädchen abgenommen hatte. Nachdem er sie perfekt erwürgt hatte, brauchte er auch keine Angst zu haben, jemals entdeckt zu werden. Denn nur er wußte, wie man jede Spur beseitigt...

9 8246-12

Der Überfall

Die Geduld der Sergeanten Pears und Anderson wurde nicht lange strapaziert. Der Schnellzug aus Seattle lief nur mit drei Minuten Verspätung ein. Es war eine heiße Julinacht, und die Uhren zeigten auf zwanzig Minuten vor elf.

Der Mann, den sie suchten, steckte inmitten der Menschentraube, die zum Ausgang drängte. Pears entdeckte ihn als erster. Sein Kollege Anderson, der Kettenraucher, hatte sich gerade im Gehen eine neue Zigarette angezündet. Die Beschreibung paßte genau. Der Fremde, den sie festnehmen sollten, war Kaukasier, achtundzwanzig Jahre alt, ungefähr 1,75 Meter groß und 150 Pfund schwer, und er hinkte leicht auf dem rechten Bein.

Er hatte sich sehr amateurhaft verkleidet. Die Haare an Haupt und Schnurrbart waren deutlich erkennbar zu rot eingefärbt. Pears gab Anderson ein Zeichen, dann drängten sie sich durch die Menge und nahmen den Mann in ihre Mitte.

„Mr. Greene", sagte Pears in sachlichem Ton. Der Mann zuckte zusammen und blieb stehen. Sein Blick wanderte von

Pears zu Anderson. Pears hielt ihm seinen Ausweis unter die Nase. Der Mann erbleichte, ängstlich starrte er die Polizisten an.

„Ihre Linke bitte, Mr. Greene", forderte Pears.

Doch der Mann löste sich noch immer nicht aus seiner Erstarrung. So griff Anderson sich die Hand, krempelte den Hemdsärmel hoch und entblößte den Unterarm. Pears nickte zufrieden, als er die Tätowierung entdeckte: eine Schlange, die sich um ein nacktes Mädchen wand.

„Ich rate Ihnen, uns ohne Widerstand zu folgen, Mister", sagte Pears mit ruhiger Stimme. „Die Polizei in Seattle hat Miss Flora am Flugplatz geschnappt, als sie sich gerade mit dem Flugzeug davonmachen wollte. Sie vernehmen sie bereits seit Stunden, und Sie können sich denken, daß sie nicht mehr auf Sie wartet. Sie gab uns im Gegenteil ihre Personalien. Außerdem hat sie den Mord an ihrem Ehemann zugegeben und verraten, daß Sie ihr Komplize waren."

„Ich liebe sie", flüsterte Greene fast tonlos.

Pears griff sich Greenes Koffer. Dann schlenderten sie mit Greene in der Mitte dem Ausgang zu. Pears sehnte sich nach der etwas frischeren Luft im Freien. Hier in der Bahnhofshalle fiel das Atmen schwer, die Luft wirkte verbraucht und abgestanden. Der Schweiß klebte ihm auf der Haut, und er konnte einfach nicht begreifen, warum einige Menschen sich bei dieser Temperatur so hastig bewegten. Ein kleiner, adrett gekleideter Mann vor ihnen schien es besonders eilig zu haben. Er schleppte in jeder Hand einen funkelnagelneuen teuren Lederkoffer und eilte mit kurzen, schnellen Schritten auf den Streifenpolizisten zu, der den Ausgang überwachte.

Plötzlich sah Pears, wie zwei Halbwüchsige auf den Kleinen zustrebten. Einer der Jungen verpaßte dem Mann einen heftigen Hieb gegen die rechte Schulter, während der andere ihn von links anrempelte und ihm gleichzeitig mit der Handkante so heftig ins Genick schlug, daß ihm der Hut vom Kopf flog. Der Mann brüllte wie am Spieß. Während er in die Knie ging, rissen ihm die Burschen seine Koffer aus den Händen und stürzten damit dem Ausgang zu. In diesem Augenblick erst kapierte der Streifenpolizist, was passiert war, und versuchte, sich den beiden jungen Gangstern in den Weg zu stellen. Da krachte ein Schuß. Der laute Knall hallte mehrfach von den Wänden zurück. Ein Mann begann laut zu fluchen, eine Frau schrie hysterisch auf. Der Polizist wankte und fiel dann, die Augen weit und erstaunt aufgerissen, langsam vornüber. Die Jungen hetzten an ihm vorbei ins Freie. Einer rempelte ihn dabei noch an der Schulter, so daß der Körper des getroffenen Polizisten auf die Seite fiel.

Pears schob Greene seinem Kollegen zu. „Halt ihn inzwischen!“ rief er und stürzte hinter den Gangstern her. Doch es war längst zu spät. Er sah nur noch, wie ein offener Sportwagen aus der Parkbucht schoß, um dann mit quietschenden Reifen auf die Hauptstraße zuzurasen. Dort tauchte er im abendlichen Verkehr schnell unter.

Das waren die Ereignisse des Tages: Greene saß in der Zelle und wartete auf das Eintreffen der Polizei von Seattle. Ein Polizist war erschossen worden. Dieses traurige Ereignis drückte auf die Stimmung der Beamten in dem muffigen, schwülen Polizeihauptquartier. Aber man mußte damit rechnen, daß es einen der ihren plötzlich erwischen würde. Auch an diesem Juliabend nahm man das in Kauf. Der Schatten des Todes schwebte immer über ihnen. Tag für Tag, Woche für Woche konnte es passieren. Man war darauf vorbereitet und nahm auch achselzuckend die Tatsache hin, daß der plötzliche Ausfall eines Kollegen für jeden mehr Arbeit bedeutete.

Sergeant Hugh Pears, 26 Jahre alt, kräftig gebaut, dunkelhaarig, gutaussehend, beliebt bei den Frauen, saß zusammengesunken vor seinem Schreibtisch in der Fahndungsabteilung, der er bereits zehn Monate angehörte. Er hatte seine Jacke über die Stuhllehne gehängt, das Hemd geöffnet und die Ärmel hochgekrempelt. Vor ihm auf dem Tisch stand ein Pappbecher mit schwarzem Kaffee, der beste Freund in der Nacht. Pears' müder Blick fiel auf die breiten Schultern von Sergeant Crocker, der vor dem offenen Fenster stand und wie abwesend in den Nachthimmel starrte. Es kümmerte ihn wenig, daß seine Hose rutschte und das Hemd heraushing. Seine großen, fleischigen Hände hatte er auf dem Rücken gefaltet. Pears blickte wie gebannt auf die nervös spielenden Finger. Immerhin starrte Crocker schon gute fünf Minuten ins Leere. Seit Anderson und Pears den schmächtigen Mann, dem man in der Bahnhofshalle so übel mitgespielt hatte, in den Waschraum geschoben hatten, hatte Crocker noch kein Wort von sich gegeben. Crocker konnte im Augenblick offenbar an nichts anderes mehr denken, als an den Tod des Polizisten. Niemand wagte es, ihn an die Erfüllung seiner augenblicklichen Pflichten zu erinnern. Obwohl Crocker mit seinen siebenundvierzig Jahren im Polizeidienst schon ein Veteran war, ging ihm der Tod eines Kollegen jedesmal gewaltig unter die Haut. Er kannte sie alle, die Männer, die irgendwie mit dem Polizeidienst zu tun hatten, die Verkehrs- und Streifenpolizisten, die Bürohocker und die Kriminalbeamten, und er hatte miterlebt, wie einige von ihnen eiskalt umgebracht worden waren. Es gelang ihm nie, das ohne weiteres hinzunehmen oder zu verkraften. Jeder dieser Kollegen, die im Verlaufe seiner langen Dienstzeit den Tod gefunden hatten, war für ihn umsonst gestorben. Dabei spielte es keine Rolle, ob er das Opfer gekannt hatte oder nicht. Doch der Mord in dieser Nacht berührte ihn ganz persönlich. Bei dem getöteten Polizisten handelte es sich auch um einen Veteranen. Crocker hatte lange mit ihm zusammen Dienst geschoben und war in den ersten Jahren seiner Polizeilaufbahn mit ihm gemeinsam auf Streife gewesen.

„Meine Herren, darf ich erfahren, warum man mich noch immer festhält?“ Der kleine, geschniegelte Mann saß gelassen auf einem unbequemen Bürostuhl neben Pears' Schreibtisch. Er hatte sich eine neue Zigarette in seine lange Spitze geschoben und hielt sie etwas geziert zwischen den gespreizten Fingern. Die andere, sorgfältig manikürte Hand ruhte auf seinen übereinandergeschlagenen Beinen.

Pears warf Anderson einen vielsagenden Blick zu. Der Kettenraucher entzündete sich gerade eine neue Zigarette an einem glimmenden Stummel, den er dann im Aschenbecher ausdrückte. Hinter ihm standen die Jungens von der Nachtschicht und blickten wortlos und mit grimmigen Mienen in den Raum. Einige von ihnen lehnten an der Wand, andere hockten mit baumelnden Beinen auf der Kante nicht benutzter Schreibtische. Alle warteten darauf, daß Crocker explodierte.

Doch Crocker tat ihnen den Gefallen nicht. Er drehte seinen massigen Körper langsam vom Fenster weg und blickte den kleinen Mann mit starren Augen an.

„Sie behaupten, Nathan Moss zu heißen?" fragte er mit leiser, müder Stimme.

„Ja, das ist richtig."

„Und Sie kommen aus Butte in Montana?"

„Ja, auch das stimmt."

„Sie sind Kaufmann?"

„Ich habe das bereits ausgesagt, Sergeant."

„Sie vertreiben Landkarten in den Schulen?"

Nathan Moss sog an seiner Zigarettenspitze. Er inhalierte tief und stieß den Rauch langsam in die Luft.

„Kann ich jetzt gehen?"

„Sie sind ziemlich cool, Mister. Aber ich darf Sie noch einmal daran erinnern, Moss, daß ein Polizist getötet wurde."

Nathan Moss zog wieder an seiner Zigarette. „Ja, ich weiß, ich war schließlich dabei, als er starb."

„Vielleicht können Sie mir erklären, warum die zwei Kerle hinter Ihren Koffern herwaren."

„Ich weiß es nicht, und ich sage Ihnen zum soundsovielten Mal, daß sich in dem einen meine persönlichen Utensilien befanden und im anderen Muster meiner Landkarten, die ich in den Schulen vorzeige. Ich bin zum ersten Mal in Ihrer Stadt, und es wird hoffentlich das letzte Mal sein!"

„Ich muß Sie bitten, leider noch ein paar Tage in der Stadt zu bleiben."

„Weshalb?"

„Ich möchte, daß Sie die Typen identifizieren, wenn wir sie festgenommen haben."

„Sie sind ein ganz schöner Optimist. Was macht Sie so sicher?"

„Wir haben bereits ein paar Verdächtige im Auge."

Nathan Moss blickte kühl. Dann grinste er spöttisch und sagte: „Sie sollten sich lieber um die 250 000 Dollar kümmern, die kürzlich aus dem gepanzerten Transporter geklaut wurden."

Die anwesenden Beamten reagierten sofort. Einige starrten ihn an, andere drehten den Kopf und warfen sich vielsagende Blicke zu. Crocker wurde hellhörig. Doch bevor einer der Anwesenden etwas sagen konnte, fuhr Nathan Moss fort: „Aber meine Herren, ich lese eben in meiner Freizeit die Zeitung. Auf diese Weise erfuhr ich, daß in Ihrer Stadt letzte Woche aus einem Geldtransporter eine viertel Million geraubt wurde. Die Summe ist groß genug, um auch andernorts und sogar in Butte in der Zeitung darüber zu berichten."

Crocker überlegte einen Augenblick, dann knurrte er: „Nun gut, hauen Sie ab."

„Herzlichen Dank."

„Aber bleiben Sie in der Stadt."

„Selbstverständlich."

Alle Augen im Bereitschaftsraum blickten auf den schmächtigen Mann, wie er sorgfältig seine Zigarette in einem Aschenbecher auf Pears' Schreibtisch ausdrückte. Er lächelte Pears nichtssagend an und pulte die Kippe aus der Zigarettenspitze. Dann ließ er sie in den Aschenbecher fallen, deutete eine Verbeugung an und schob sich dann durch die Klapptüre im Geländer, das den Bürotrakt von den Besuchern trennt.

„Meine Herren!" grüßte er noch einmal und verschwand durch die Tür.

„Pears", schnarrte Crocker. „Ich möchte genau wissen, wo der Knabe hingeht."

Nathan Moss begab sich auf dem kürzesten Weg in sein Hotel im Zentrum. Er kletterte aus dem Taxi und marschierte zielstrebig durch einen Seitengang in die Hotelhalle. Pears beobachtete aus sicherem Abstand, wie er sich am Empfang anmeldete. Der Portier gab ihm eine Handvoll Wechselgeld. Mit den Münzen in der Hand verschwand Nathan dann in einer Telefonzelle. Er telefonierte gute fünf Minuten, und Pears hatte Zeit, sich Gedanken darüber zu machen, warum er den Münzfernsprecher und nicht das Zimmertelefon benutzt hatte. Er wollte wohl, daß man das Gespräch nicht abhören und gegebenenfalls mitschneiden konnte.

Als Nathan Moss aus der Telefonzelle kam, steuerte er eilig auf den Lift zu. Pears wartete ab, bis die Türen des Aufzugs sich geschlossen hatten und trat dann an den Empfang. Der Portier war recht umgänglich und zuvorkommend. Moss hatte als Heimatanschrift Bowie Street Nr. 1023, Butte, Montana angegeben. Er wollte einige Tage hierbleiben und hatte den Portier um Wechselgeld für ein Ferngespräch nach San Fancisco gebeten.

Kurz nachdem Pears wieder ins Präsidium zurückgekehrt war, gingen Fernschreiben an die Polizeidirektionen von Butte und San Fancisco mit der Bitte um Auskunft über einen gewissen Nathan Moss.

Der Mittwoch schien sich zu einem warmen, herrlichen Sommersonnentag zu entwickeln. Trotzdem saß Sergeant Gilbert Crocker mit saurer Miene hinter seinem Schreibtisch im Bereitschaftsraum, als Pears dort aufkreuzte. Als erstes setzte Pears einen Pappbecher mit heißem Kaffee auf seinem Schreibtisch ab. Dann streifte er seine Jacke ab und krempelte wie immer die Ärmel auf. Lieutenant Gifford betrat um halb neun den Raum. Er verlangte diensteifrig von seinen Untergebenen, daß die Halbwüchsigen, die den absolut sinnlosen Mord an dem uniformierten Polizisten begangen hatten, unbedingt erwischt werden müßten. Gleichzeitig sprach er von der notwendigen Aufklärung des Überfalls auf den Geldtransporter. Es gab nur einen Lumpen in der Stadt, der das Format besaß, an einer solchen Sache beteiligt gewesen zu sein. Jedermann kannte Courtney Klane, und jeder wußte, daß nur einzig und allein er hinter dem Raub stecken konnte. Man hatte ihn natürlich ausgiebig verhört, mußte ihn aber wieder freilassen. Nicht der winzigste Hinweis auf eine Mittäterschaft ließ sich finden, und es war von nun an nur noch reine Spekulation, an seine Mittäterschaft zu glauben. Die Polizei tappte in der Angelegenheit nach wir vor im dunkeln.

„Pears und Anderson übernehmen den Mord", befahl Lieutenant Gifford, „Crocker den Raubüberfall. Bringt mir bald was Brauchbares, jeder von euch."

Crocker grunzte vor sich hin. Es sollte wohl wie Zustimmung klingen. Gifford knöpfte sich Pears noch extra vor und schärfte ihm ein: „Ich will diese zwei Halbstarken hier antanzen sehen, Sergeant. Bringen Sie sie mir. Irgend jemand wird sie doch kennen. Knöpfen Sie sich jeden Informanten vor, den Sie in der Stadt auftreiben können, und quetschen Sie ihn aus!"

„Ich verwette meinen Kopf, daß es keine Profis sind."

„Und warum nicht?" fragte Gifford sehr direkt.

Pears zuckte mit den Schultern. „Die beiden sind vielleicht zwanzig, höchstens einundzwanzig Jahre alt, gut und teuer gekleidet. Wie auch immer, Profis hätten Moss erst mal aus dem Bahnhof gehen lassen. Da gibt es dann genügend dunkle und schattige Winkel und die Chance, relativ ungestört und ohne Augenzeugen vorzugehen."

„Einer von den beiden hat einen Polizisten umgebracht, vergessen Sie das nicht", betonte Gifford abschließend mit Nachdruck.

„Ich werde ihn kriegen, verlasssen Sie sich darauf, Lieutenant!"

Um 9.45 kam eine Antwort auf die Anfrage in Butte. Einen Nathan Moss gab es in Butte nicht. Sein Name stand auch nicht im Telefonbuch oder Adressenverzeichnis. Auch in der Kfz-Zulassungsstelle fand sich keine Eintragung. Und die Bowie Street 1023 gab es nur in der Phantasie. Das gleiche galt für die angebliche Landkartendruckerei. Es gab keine in Butte.

Die Nachricht aus San Francisco paßte dazu wie die Faust aufs Auge. Nathaniel Moss war der Deckname eines gewissen Nathaniel Logger, eines Syndikatsmitglieds. Er war Spezialist für die Umtauschaktionen mit geraubten Geldern, der sogenannten Geldwäsche, und transportierte riesige Summen von einer Ecke der Staaten in die andere. Es gab keinen Zweifel, die Beschreibung, die San Francisco von Nathaniel Logger gab, paßte genau auf Moss.

Crocker brummte. „Jetzt wissen wir wenigstens, was an den Koffern so wertvoll war."

„Moss... oder besser Logger transportierte also Geld", staunte Pears. „Einen Haufen kleine Scheine, die gegen die großen aus dem bewaffneten Überfall ausgetauscht werden sollten. Ich wette, daß es so war. Zwei Koffer voll, das dürften gut und gerne fünfzigtausend Dollar gewesen sein."

„Aber wie sollten zwei halbwüchsige Amateure davon Wind bekommen haben, daß das Syndikat eine Geldwäsche durchführt?"

„Das ‚wie' ist jetzt nicht so wichtig. Wichtiger ist im Augenblick Moss und außerdem natürlich der Hehler."

„Gerold Bishop?"

„Ja, kennen Sie einen größeren in der Stadt?"

„Nein."

„Dann bringen Sie ihn mir."

Leider stellte sich heraus, daß Nathan Moss aus dem Hotel verschwunden war. So bestiegen Pears und Crocker wortlos wieder ihren Wagen und fuhren in den Stadtteil, der seit neuestem den Namen Kennedy trug. Keiner der beiden hatte es besonders eilig, bald ins Polizeihauptquartier zurückzukehren. Sie wußten genau, was ihnen Lieutenant Gifford erzählen würde, wenn er von der Flucht des Nathan Moss erfuhr.

Pears brachte den Wagen in einer vornehmen und ruhigen Gegend am Straßenrand vor einem Buchladen zum Stehen. Der Laden befand sich im Erdgeschoß eines soliden, mehrstöckigen Wohnblocks. Gerold Bishop, von Beruf Hehler und Besitzer des eleganten Buchladens, war ein stiller, kleiner Mann von vielleicht dreißig Jahren. Sein Haupt zierte eine dickborstige Mähne grau-schwarzer Haare, und über den Augen wölbten sich buschige Brauen. In einem Ohr steckte ein Hörgerät. Bishop begrüßte die Beamten ausgesucht höflich und spielte selbstverständlich den Unschuldsengel, der keine Ahnung hatte, was in der bösen Welt so alles vor sich ging.

„Was wünschen Sie bitte?“ fragte er.

„Sie zu sprechen.“

„Ist es denn wichtig?“

„Sehr.“

Bishop drehte mit den Fingerspitzen an seinem Hörgerät und führte die beiden Beamten vorbei an Bücherregalen und wohltemperierten Räumen in ein fürstlich ausgestattetes Junggesellenappartement. Dort plazierte er sie in zwei tiefen Ledersesseln und bot ihnen einen Brandy an, den sie allerdings ablehnten. Er selbst versank ihnen gegenüber in einem

Sessel, zündete sich eine Zigarrre an und wartete höflich auf ihr Anliegen.

Crocker kam gleich zur Sache. „Wir haben uns gestern abend mit einem Freund von Ihnen unterhalten, wie Sie inzwischen vielleicht auf Umwegen schon erfahren haben. Wir würden gerne noch einmal mit ihm sprechen, aber er hat die Mücke gemacht."

„Ein Freund von mir?" Bishop hob eine Augenbraue.

„Ja, Nathan Moss, oder vielleicht kennen Sie ihn unter dem Namen Nathaniel Logger."

„Moss? – Logger?" Bishop schüttelte den Kopf.

„Nie gehört, meine Herren."

„Na, dann denken Sie mal scharf nach."

Bishop zuckte mit den Schultern. „Tut mir wirklich leid."

„Er sollte Wechselgeld hierherbringen. Haben Sie denn wirklich nichts von einer anstehenden Geldwaschaktion gehört? Aber, aber, Mr. Bishop!"

„Ich betone noch einmal: ich kenne weder einen Moss noch einen Logger!"

Crocker erhob sich. „Wie Sie wollen", schnarrte er. „Fahren wir in die Stadt."

Doch Bishop blieb ungerührt in seinem Sessel sitzen.

„Warum sollte ich?"

„Weil wir wissen, daß es hier nur einen Mann gibt, der Hunderttausende bewegen kann."

„Ich nehme an, Sie haben bereits mit Mr. Klane über die Angelegenheit gesprochen?"

„Im Augenblick spreche ich mit Ihnen und über Sie."

„Ich habe noch nie in meinem Leben eine viertel Million gesehen, Sergeant."

„Verflucht noch mal, ein Polizist wurde bei der Sache getötet!"

Bishops Gesichtsausdruck veränderte sich. Er betrachtete interessiert den Aschekegel an seiner Zigarre und schien voller Sorge festzustellen, daß er immer größer wurde. Wie beiläufig sagte er: „Ja, Crocker, ich habe von der Sache gehört. Tut mir sehr leid."

„Aus dem Stuhl mit Ihnen, Sie Halunke!" Doch Bishop war nicht aus der Ruhe zu bringen.

„Sie sollten versuchen, sich mit College Boy zu unterhalten."

Crocker blickte finster. College Boy, sein richtiger Name war Peter Ambler, gehörte zu Courtney Klane.

„College Boy hat Schwierigkeiten", fuhr Bishop fort. „Gewaltigen Ärger sogar, wie ich höre. Er läßt ein paar kleine Mädchen für sich arbeiten. Eine Puppe heißt Billie, eine andere Cynthia und so weiter. Alle seine Pferdchen brauchen Stoff."

„Und wieviel davon?" fragte Crocker.

Bishop zuckte mit den Schultern und paffte in die Luft. „Ich habe was von fünfzig Pfund gehört."

„Und wer liefert die?"

„Der Geldhai."

„Dieser Saftheini?"

„Ja, wer sonst hat denn heute hier noch das viele Geld für Stoff, Sergeant? Die Bank kommt doch wohl nicht in Frage."

Crocker warf Pears einen bedeutungsvollen Blick zu. Im Kopf des jungen Detektivs schossen Gedanken und Vermutungen wild durcheinander.

Ja, so könnte es gewesen sein. Klane steckte hinter der Geldwäsche. Auf sein Konto ging dann auch der Überfall auf den Geldtransport. College Boy gehörte zu den Eingeweihten. Er wußte, daß und wann das Geld unterwegs war, und er war vielleicht wirklich blöd genug, den Geldwäschern des Syndikats die Mäuse zu klauen. Das war glatter Selbstmord, wenn Klane dahinterkam ...

„Und was ist mit den Halbstarken, Bishop?" fragte Crokker. „Wo sind die Kerle?"

Bishop zuckte mit den Schultern. „Es passieren Dinge in der Stadt, Sergeant, von denen selbst ich nichts weiß." Er erhob sich unaufgefordert aus seinem Sessel, baute sich locker vor Crocker auf und blickte ihn fragend an. „Nun, fahren wir jetzt in die Stadt?"

„Lassen Sie die Witze, wir wollen diese Typen fassen, und zwar schnellstens."

„Ich kann Ihnen in diesem Fall wirklich nicht helfen."

„Und ich habe das Gefühl, daß Sie lügen wie gedruckt. Sie sind ein ausgekochter Spitzbube."

„Nein, ich lüge nicht."

Crocker blickte ihn durchdringend an: „Dann war es also dieser College Boy?"

„Ich kann Ihnen nur eins raten: Versuchen Sie ihn zu erwischen, Sergeant."

„Wie ich bereits sagte, Sie sind ein Halunke! Wehe Ihnen,

wenn ich dahinterkommen sollte, daß Sie mich belogen haben."

Crocker wurde immer lauter, denn er merkte, daß Gerold Bishop sein Hörgerät zurückdrehte. Er warf Bishop einen verächtlichen Blick zu und stolperte aus der Junggesellenwohnung. Pears folgte ihm auf dem Fuße. Er hätte Bishop am liebsten das Hörgerät aus dem Ohr gezerrt und es ihm in die Kehle gestopft.

Nun standen sie wieder draußen in der Wärme des Sonnentages.

„Und wo finden wir jetzt diesen Peter Ambler?" fragte Pears.

„Ich hoffe, daß er noch lebt", antwortete Crocker ein wenig deprimiert.

„Wir müssen unbedingt versuchen, vor Klane bei ihm zu sein."

Zu allem Unglück schien dieser Mittwoch nicht gerade geschaffen, um der Polizei Erfolgserlebnisse zu vermitteln. Es herrschte eine nahezu unerträglich schwüle Hitze, alle Menschen waren nervös, und jede Nachforschung verlief erfolglos. Es gelang Crocker und Pears weder diesen Peter Ambler zu finden, noch konnten sie feststellen, wo Courtney Klane sich zur Zeit aufhielt.

Spät am Abend fühlten die beiden sich wie gerädert. Den totalen K.o. versetzte ihnen aber die Nachricht, daß Bishop plötzlich verschwunden war und sich damit der Festnahme entzogen hatte.

Crocker war so ungenießbar, daß die Burschen von der

Nachtschicht, die um achtzehn Uhr beginnen sollte, sich heute still und leise im Hintergrund herumdrückten. Nur Pears und Anderson wagten es, ihm unter die Augen zu treten und ihn sogar anzusprechen.

„Wir hätten ihn heute morgen gleich mitnehmen sollen“, sagte Pears.

„Selbstverständlich“, fauchte Crocker, „und seinen faulen Anwalt dazu.“

Anderson steckte sich an der alten eine neue Zigarette an und schnippte die Kippe auf den Boden. „Möglich, daß wir mit Bishop was falsch gemacht haben. Kümmern wir uns jetzt eben um die zwei Junggangster!“

„Drum kümmern, Sie sind gut!“ Crocker explodierte fast. „Wir wissen ja noch nicht einmal, wer die Burschen sind und wie sie heißen.“

Pears hielt es nicht mehr im Bereitschaftsraum. Er trat in die Vorhalle und drückte sich einen frischen Becher Kaffee aus dem Automaten. Er war müde, hundemüde sogar, und fühlte sich elend. Er sehnte sich nach einem warmen Bad und nach der liebevollen Fürsorge seiner Frau Nancy. Nancy kannte die Kümmernisse und Frustrationen, die der Polizeidienst mit sich brachte, und vor allem, sie kannte auch das Gegenmittel!

Er warf einen Blick auf die alte Wanduhr im Bereitschaftsraum, als er wieder hinter seinem Schreibtisch Platz genommen hatte. Es war jetzt gerade zehn Minuten vor neun. Er sah Nancy vor sich. Sie würde wohl bügeln oder lesen. Vielleicht wartete sie auch nur voller Sehnsucht auf ihn. Das war jetzt wieder so ein Augenblick, in dem er sie sofort gebraucht hätte.

„Was hältst du davon, wenn wir hier jetzt endlich Schluß machen?“ meinte er.

Crocker tat so, als hätte er nicht gehört. Er war ganz mit dem Telefon beschäftigt, das gerade auf seinem Schreibtisch zu schrillen begann. Er knurrte etwas in den Hörer und hörte dann schweigend zu. Je länger das Gespräch dauerte, desto finsterer blickte er drein. Pears beobachtete ihn mit wachsendem Unbehagen. Leider konnte er die Nachricht, die Crokker in Wut versetzte, nicht verstehen, aber es war nicht schwer zu erkennen, daß es nichts Gutes war.

Crocker knallte den Hörer auf die Gabel und starrte einen Augenblick lang mit verbissenem Gesicht an die Decke. Pears und Anderson warteten auf eine Erklärung.

„Noch einer“, flüsterte Crocker plötzlich. Sein Gesicht verzog sich zu einem schmerzlichen Ausdruck. „Sie haben noch einen Polizisten umgebracht“, sagte er.

Schlagartig war es mucksmäuschenstill im Bereitschaftsraum.

„Ein Streifenwagen.“ Crockers Worte kamen wie aus einem Roboter. „Einer tot, einer schwer verwundet. Täter: zwei Halbwüchsige in einem Sportwagen, betrunken. Unsere Jungs hatten versucht, sie zu stoppen.“

Es dauerte ein paar Sekunden, bis Pears reagierte. „Zwei Halbwüchsige in einem Sportwagen? Das hab ich doch heute schon mal gehört!“

★

So entwickelte sich die Mittwochnacht zu einer Nacht ohne Ende, zu einer wahren Horror-Nacht. Pears vergaß sogar ganz seine liebevolle Nancy. Er rauchte hektisch, schüttete eine Tasse Kaffee nach der anderen in sich hinein, wanderte ruhelos auf und ab und fluchte. Als er schließlich ins Bett fiel, hätte er schreien können vor Genickschmerzen. Viel zu schnell wurde es Donnerstag, und mit dem Morgen kam die Hitze. Sein Schädel brummte, als er sich endlich hochrappelte, und der Kaffee schmeckte wie Abwaschwasser. Die vielen Zigaretten in der vorhergehenden Nacht hatten ihm beinahe ein Loch in die Lunge gebrannt.

Mit einem Bericht über die ballistische Untersuchung, der um zehn Uhr zwanzig eintrudelte, wurde die Reihe trauriger Nachrichten eröffnet, die den Tag nicht gerade versüßten. Eine Kugel aus der gleichen Kanone, mit der der Polizist am Bahnhof umgelegt wurde, hatte auch den Streifenmann getötet, der den Versuch gemacht hatte, ein paar Trunkenbolde festzunehmen. Dann fischte man Peter Amblers Leiche aus dem Fluß.

Damit hatte College Boy sein letztes Examen abgelegt. Nur trug er diesmal nicht die traditionelle Kappe und den schwarzen Talar, als in den Nachmittagsausgaben der Zeitungen sein Bild erschien.

Lieutenant Gifford sprach mit unheilverkündender, leiser Stimme, als er sich an Pears, Crocker und Anderson wandte. Er war jetzt drauf und dran, keine Rücksicht mehr auf Anwälte und sonstige Rechtsverdreher, auf den guten Ruf seiner Abteilung oder die Meinung seiner Vorgesetzten zu nehmen. Sein Gesicht glich einer Maske, und seine Rede gipfelte in dem Satz: „Bringen Sie mir Courtney Klane! Es ist mir völlig egal, wie Sie das anstellen. Und wenn Sie nach Alaska fliegen müssen, bringen Sie ihn mir."

Die drei Detektive standen da und schwiegen betroffen, als die leise Stimme eines Mädchens die Stille des Raumes durchbrach:

„Ist das hier bitte... ist das die Kriminalabteilung, das... das Morddezernat?"

Sie war groß und schlank, lange blonde Haare umrahmten ein klassisch schönes Gesicht. Man konnte sie auf neunzehn schätzen, aber sie war gewiß schon fünfundzwanzig. Sie stand an der Barriere, hielt sich mit ihren schlanken langen Fingern an der Klapptüre fest und blickte aus dunklen Augen unsicher in die Runde.

Pears tat die Kleine auf Anhieb leid, und er spürte den unwiderstehlichen Drang, sie in die Arme zu nehmen und zu trösten. Es kostete ihn Mühe, sie mit sachlich klingender Stimme anzureden.

„Kann ich Ihnen behilflich sein, Miss..."

„Weatherley", sagte sie schnell, öffnete die Klapptüre und trat in den Büroraum.

„Mein Name ist Lucie Weatherley."

„Sie sind hier an der richtigen Adresse, Miss Weatherley", sagte er und strahlte sie an. „Ich bin Sergeant Pears."

„Ich bin gekommen, weil..." Sie zögerte einen Augenblick. Die dunklen Pupillen kippten nach oben, fingen sich dann wieder in der Mitte.

„Der Mann an der Pforte meint, daß Sie mir helfen können."

„Warum nicht", sagte Pears mit sanfter Stimme.

„Es handelt sich um ... um Peter Ambler." Sie entblößte eine Reihe perfekter weißer Zähne, während ihre Augen starr auf Pears ruhten.

„Das heißt ... in den Zeitungsberichten trägt er diesen Namen. Ich kenne ihn nur als Danny Sloan."

Pears blickte sie verdutzt an. Nur mit äußerster Anstrengung konnte er dem Wunsch widerstehen, den Kollegen Gifford, Crocker und Anderson vielsagende Blicke zuzuwerfen.

„Und was wissen Sie von Peter Ambler, Miss Weatherley?"

„Ja, eigentlich muß ich sagen ... ich verstehe das alles nicht."

Pears wartete darauf, daß sie weitersprach.

„Ich meine, Danny Sloan, Peter Ambler, College Boy, oder wie immer er in den Zeitungen genannt wird, ist ... ich meine, er war ..." Verlegen entblößte sie wieder ihre makellosen Zähne.

„Ach, bitte ... entschuldigen Sie ... ich bin ganz durcheinander."

„Wie gut kannten Sie Peter ... äh ... Danny Sloan, Miss Weatherley?"

Sie blickte ihm in einer Weise in die Augen, die ihn wohlig erschauern ließ.

„Er war mein Freund."

„Ist Ihr Vater nicht Arnold Weatherley?"

„Ja."
„War er mit Ambler-Sloan einverstanden?"
„Kaum", sagte sie, „denn Vater und Danny haben einander nie kennengelernt."
„War das Ihre Absicht?"
„Ich verstehe Sie nicht."
„Ich meine, haben Sie absichtlich Danny Ihrem Vater nicht vorgestellt, Miss Weatherley?"
Sie senkte die Augen, was Pears als sehr schade empfand.
„Das war doch unwichtig, Sergeant", sagte sie und betonte dabei jedes Wort. „Danny Sloan war nicht so, wie er in den Zeitungen heute geschildert wird. Danny und mein Vater konnten einander nur deshalb nicht kennenlernen, weil mein Vater in letzter Zeit derart beruflich in Anspruch genommen wurde, daß er gar keine Zeit dafür fand. Er ist kaum noch zu Hause und sehr oft für längere Zeit verreist."
„Trifft es zu, daß er sich als Kandidat für den US-Senat bewirbt?"
„Ja, das stimmt."
„Wäre er denn mit Danny Sloan einverstanden gewesen?"
„Ganz gewiß."
„Und mit Peter Ambler?"
„Ich... Sie stockte und zuckte nervös mit den Mundwinkeln. „Nein, Vater wäre mit ihm nicht einverstanden gewesen", sagte sie leise.
„Es tut mir leid, daß es nun soweit gekommen ist, Miss Weatherley."
„Ja, ja, vielen Dank."

Sie wandte sich dem Ausgang zu. Pears hielt sie nicht auf.

„Einen Augenblick, Pears." Leutnant Giffords Stimme klang hart. „Vielleicht kann uns Miss Weatherley mehr über Ambler erzählen, als wir bereits wissen", sagte er und blickte sie fragend an. „Haben Sie bitte Verständnis dafür. Zwei unserer Leute sind ermordet worden, und wir haben gute Gründe anzunehmen, daß Ambler davon wußte."

„Ja, bitte", sagte sie und ihre Stimme glich nur noch einem Wispern.

Pears kochte innerlich, als er Gifford anstarrte. Das Mädchen tat ihm leid. Kein vernünftiger Mensch konnte doch ernstlich annehmen, daß dieses zarte Wesen irgend etwas von Peter Amblers, Danny Sloans, oder wie immer man ihn nennen wollte, Doppelleben gewußt hatte. Lucie sollte etwas mit Raub, Mord und Gangstern zu tun haben? Unsinn. Doch Gifford nahm das Mädchen derart in die Mangel, als hätte er irgendein Flittchen von der Straße vor sich.

Pears glaubte vor Wut aus der Haut fahren zu müssen, aber er schaffte es, sich zu beherrschen. Lieutenant Gifford war sein vorgesetzter Offizier, und man mußte ihm zugute halten, daß er hier skrupellose Mörder jagte. Drei Morde waren schon passiert.

Sie begaben sich in Giffords Büro, denn dort gab es keine Lauscher, und die Atmosphäre war etwas privater. Gifford stellte dem Mädchen höflich und gezielt seine Fragen; Fragen, wie sie nur ein Fachmann stellen konnte. Nun, zur allgemeinen Überraschung entpuppte sich auch Lucie Weatherley als Expertin. Ihre Antworten kamen exakt, und sie verteidigte sich mit großem Geschick. Pears, der sich im Hintergrund hielt, konnte nur mit Mühe ein Schmunzeln unterdrücken. Er war Zeuge eines klassischen Frage- und Antwortspiels, in dem beide Kontrahenten sich keine Blöße gaben. Draußen dämmerte es bereits, als die Befragung langsam zu Ende ging. Inzwischen hatte man sich gegenseitig zu respektieren gelernt. Gifford kam zum Schluß.

„Ich glaube, daß war alles, was ich fragen wollte, Miss Weatherley."

„Bitte, *glauben* Sie nicht nur, daß es alles war, Lieutenant", antwortete sie ruhig. „Ich möchte auf keinen Fall noch einmal herkommen müssen."

„Gut, Miss Weatherley, Sie haben mein Wort: es war alles. Sie können gehen. Haben Sie herzlichen Dank."

Sie erhob sich, strich ihren Rock an den Hüften glatt und stolzierte nach draußen, als käme sie von einer Behandlung im Kosmetiksalon.

Pears lief ihr nach. Er nahm in Kauf, von Gifford zurückgepfiffen zu werden, doch nichts geschah, als er an ihre Seite trat.

„Miss Weatherley!"

„Ja, bitte?" Sie hatte gerade die Barriere erreicht und wandte ihm ihr Profil zu.

„Haben Sie einen fahrbaren Untersatz?"

„Ich kam mit dem Taxi."

Er lächelte. „Dann bringe ich Sie nach Hause."

„Nein, das ist nicht nötig, Sergeant."

Pears hielt ihr die Klapptüre auf.

„Wollen Sie noch mehr von mir wissen?“ fragte sie.

„Nein, keine Fragen“, grinste er.

Sie nahm auf dem Vordersitz neben ihm Platz, als wäre das die selbstverständlichste Sache von der Welt. Die folgende Konversation beschränkte sich auf höfliche Plaudereien über das Neueste vom Tage.

Pears steuerte den Wagen sicher durch den starken Feierabendverkehr aus der Innenstadt heraus und erreichte bald die vornehme Gegend, in der sie wohnte.

Das Haus der Weatherleys war nur noch als großer, dunkler Schatten im Dämmerlicht zu erkennen. Pears brachte den Wagen hinter einem offenen Sportcoupé zum Stehen. Nachdem Lucie Weatherley mit wenigen sparsamen Bewegungen aus dem Wagen geschlüpft war, drehte sie sich um und blickte durch die offene Türe. „Herzlichen Dank, Sergeant“, sagte sie und lächelte ihn offen und freundlich an. Plötzlich gab es ihm einen Ruck. Seine Gesichtszüge erstarrten, und er mußte sich am Steuerrad festhalten, als er den großen, blonden Burschen sah, der gerade aus dem dunklen Haus der Weatherleys trat.

Der vielleicht zwanzig Jahre alte Mann trug eine dunkle Sportjacke, kurze Hosen und weiße Tennisschuhe. Er hob grüßend den Arm, als er zwischen der Limousine und dem Heck des Sportwagens hindurchschlüpfte.

„Hallo, Schwesterherz“, rief er lässig und nahm hinter dem Steuer des Kabrioletts Platz. Der Motor heulte auf, und der Wagen löste sich vom Fahrbahnrand.

Lucie Weatherley zog die Stirn kraus.

„Was haben Sie denn, Sergeant."

„War das Ihr Bruder?" fragte Pears und deutete mit dem Kopf auf den Wagen, der gerade davonfuhr.

„Sie meinen Bernie? Ja."

„Also, dann guten Abend, Miss Weatherley", sagte er kurz angebunden.

Sie richtete sich langsam auf und warf die Tür mit einem Ruck ins Schloß. Pears wußte, daß sie jetzt völlig verwirrt war, aber er hatte leider nicht die Zeit, ihr alles zu erklären.

Er nahm die Verfolgung des Sportwagens auf. Ganz sicher war er sich nicht, ob er den Wagen schon einmal gesehen hatte, aber über den jungen Mann gab es keine Zweifel: Bernie Weatherley war einer der beiden Halbstarken, die Nathan Moss in der Bahnhofshalle die Koffer geklaut hatten.

Es war für ihn nicht schwer, dem Wagen zu folgen, und er mußte sich nur darauf konzentrieren, einen gebührenden Abstand einzuhalten. Er hatte in Bernie Weatherley nun einen der gesuchten Bahnhofstäter gefunden, aber es fiel ihm schwer, die Zusammenhänge zu akzeptieren. Ja, es verwirrte ihn, wenn er daran dachte, daß Bernie Weatherley zu einer angesehenen und wohlhabenden Familie gehörte und nicht den geringsten Anlaß hatte zu stehlen, geschweige denn zu morden.

War dieser Bernhard Weatherley wirklich ein gemeiner Mörder? Noch war nicht erwiesen, welcher von den beiden Burschen die tödlichen Schüsse auf den Polizisten abgegeben hatte.

Pears Gedanken wanderten zu Peter Ambler. Die Verbindung zwischen ihm, der ja inzwischen auch das Zeitliche gesegnet hatte, und Bernhard Weatherley war leicht herzustellen: Es war Lucie. Und das bedeutete wiederum, daß Bernhard mit Sicherheit herausbekommen hatte, welche Rolle Peter Ambler in Wirklichkeit spielte. Und dies hatte wiederum zur Folge, daß Bernhard seine Familie und seine Schwester über sein Tun in übelster Weise hinter das Licht geführt hatte – vorausgesetzt, daß Lucie Weatherley bei der Vernehmung im Polizeihauptquartier die Wahrheit gesagt hatte.

Pears schüttelte den Kopf. Nein, es war undenkbar, daß Lucie Weatherley gelogen hatte.

Die Bremslichter vor ihm leuchteten auf, und Pears nahm sofort das Gas weg. Der Sportwagen bog von der Straße ab und verschwand in einer schmiedeeisernen Einfahrt. Pears fuhr noch ein Stück und parkte am Straßenrand. Von seinem Sitz aus konnte er gut die von einer dichten Hecke eingefaßte Zufahrt zu einem langgestreckten Haus überblicken. Bernhard Weatherley wendete seinen Wagen vor dem Haus und hielt an. Schon wenige Augenblicke später kam ein junger Bursche, ähnlich gekleidet wie Weatherley, heraus und schwang sich auf den Beifahrersitz. Dann schossen sie mit aufheulendem Motor die Ausfahrt hinunter, über die Fahrbahn auf die andere Straßenseite und entfernten sich mit hoher Geschwindigkeit in die entgegengesetzte Richtung, aus der Weatherley gekommen war.

Pears wartete eine Lücke im Verkehr ab und wendete ebenfalls seinen Wagen. Die Burschen schienen nicht gemerkt zu haben, daß sie verfolgt wurden, stellte Pears fest, als er sie wieder eingeholt hatte. Oder es schien ihnen nichts auszumachen. Sie gingen jetzt mit der Geschwindigkeit wieder herunter und fuhren auf den Parkplatz neben einem Restaurant.

Pears fand eine Lücke am Straßenrand, in die er seinen Wagen einrangierte, und sah noch, wie die beiden im Restaurant verschwanden. Inzwischen war es Nacht geworden. Er versuchte sich zu orientieren und stellte fest, daß er sich unweit des Geschäftsviertels in der City befand.

In den mit dicken Teppichen ausgelegten Restauranträumen war noch nicht viel los, nur wenige Gäste hatten an den Tischen Platz genommen. Es war eine Kleinigkeit für ihn, die Gesuchten sofort ausfindig zu machen. Sie saßen auf Drehstühlen an der Bar. Pears überlegte, ob er nicht erst einmal telefonisch Verstärkung anfordern sollte. Aber er war sich nicht hundertprozentig sicher, ob er tatsächlich die beiden vom Bahnhof vor sich hatte. Von seinem Platz aus konnte er den Begleiter von Bernhard Weatherley nicht genau erkennen; und selbst in bezug auf Bernhard war ein Irrtum durchaus möglich.

Er saß allein an einem Tisch neben dem Ausgang zur Straße und bestellte sich einen Whisky mit Soda. Als der Drink vor ihm stand, rührte er ihn nicht an, sondern beobachtete weiterhin die Jungens an der Bar. Er fand, daß die Figur des zweiten Mannes neben Bernhard schon der des Mannes beim Überfall am Bahnhof glich.

Pears winkte den Kellner zu sich und fragte ihn möglichst

unauffällig, ob er die zwei Typen an der Bar dort kenne.

„Ja, das sind Mr. Weatherley und Mr. Poswold."

„Kommen sie häufig hierher?"

„Jeden Abend."

„Waren sie auch am Donnerstag abend hier?"

„Jetzt, wo sie mich fragen, nein."

„Diesen Weatherley kenne ich gut, was ist mit dem anderen Burschen?"

„Ich weiß nicht, mein Herr, ob ich Ihnen diesbezügliche Auskünfte geben darf."

Pears zeigt ihm seinen Dienstausweis. Daraufhin vergaß der Ober seine Bedenken. „Der Vater von Randy Poswold ist der Richter Poswold, soweit ich informiert bin."

„Ich danke Ihnen."

Er gab dem Kellner zu verstehen, daß er keine Fragen mehr hatte, worauf dieser verschwand. Nun saß Pears da und überlegte sich genau die nächsten Schritte. Der Sohn von Richter Poswold –, auch das noch! Er kannte den Richter vom Hörensagen, das genügte.

Beruhigt konnte er inzwischen feststellen, daß der Kellner weder mit einem Kollegen noch mit den Gästen an der Bar ein Gespräch anfing. Der Mann wußte, was zu tun war. Jede falsche Aktion von ihm hätte Pears auf den Plan gerufen. Offenbar war ihm das klar. Aber noch war Pears nicht soweit, um aktiv zu werden, und er hatte sich auch immer noch nicht den Poswold-Burschen näher ansehen können.

Aber es gab ja einen einfachen Weg. Kurz entschlossen ließ er seinen Drink unberührt am Tisch zurück und setzte sich an die Bar. Als die zwei ihn entdeckten und näher in Augenschein nehmen konnten, klingelte bei Pears eine Warnglocke im Hinterkopf.

„Hi!" rief Bernhard Weatherley halblaut und starrte Pears ins Gesicht.

Dieser wußte sofort, daß der Junge ihn zwar erkannt hatte, aber sich zunächst nicht darüber im klaren war, wie und wo er ihn einordnen sollte. Pears beschloß, ihm einfach zuvorzukommen.

„Darf ich mich vorstellen, ich bin Sergeant Pears von der Mordkommission."

Er hob seine Hand und ließ sie locker angewinkelt, jeden Augenblick bereit, zu seiner Waffe zu greifen. Die beiden wußten sehr wohl, was seine Handbewegung zu bedeuten hatte.

„Meine eigene Schwester ...", sagte Bernhard Weatherley und atmete schwer. „Er hat sie vorhin nach Hause gebracht", setzte er hinzu.

Randy Poswold saß da wie versteinert. Man sah ihm an, daß er irgend etwas im Schilde führte, aber noch rührte er sich nicht.

„Was wollen Sie von uns, Bulle?" fragte er bissig. Seine Lippen bewegten sich kaum.

Pears deutete mit einer unmißverständlichen Kopfbewegung auf den Ausgang. Keiner von den beiden machte Anstalten, seiner Aufforderung Folge zu leisten. Vorsichtig trat Pears jetzt ein paar Schritte zurück. Und nun endlich machte Poswold Anstalten aufzustehen. Im Zeitlupentempo quälte er sich vom Hocker. Bernhard Weatherley folgte seinem Beispiel. Dann marschierten sie Seite an Seite auf die Tür zu. Pears folgte ihnen auf dem Fuße. Sein Selbstvertrauen wuchs bei jedem Schritt. Hauptsache, er hatte die beiden erst mal im Freien und mußte keine Rücksicht mehr auf die Leute nehmen, die sich im Restaurant befanden.

Dicht vor ihm duckte sich Poswold plötzlich, wirbelte herum und rammte Pears die Faust mit ganzer Kraft in den Bauch. Der Schlag warf ihn zurück, er rang nach Luft. Ehe er sich besann, wurde er von weiteren Schlägen eingedeckt. Er fluchte lautlos und versuchte verzweifelt, an seine Waffe zu kommen. Dann traf ihn ein Faustschlag direkt am Kinn. Sein Kopf zuckte zurück, er taumelte, seine Füße traten gegen ein Hindernis, und um ihn begann sich alles zu drehen. Ein paar Sekunden vergingen, bis er wieder klar im Kopf wurde. Die Jungens waren nicht mehr zu sehen. Er stützte seine Hände auf den Boden und versuchte sich hochzurappeln. Dann erwischte er zum Glück die Türklinke und zog sich an ihr auf die Beine.

Als er, so schnell es in seinem augenblicklichen Zustand ging, den Bürgersteig hinunterlief, sah er den Sportflitzer aus dem Parkplatz preschen und auf der Straße unmittelbar vor einem Streifenwagen einbiegen, der durch dieses plötzliche Manöver ins Schleudern geriet. In diesem Augenblick krachte ein Schuß, und eine Kugel zischte an seinem Ohr vorbei. Er warf sich auf den Gehsteig und rollte zur Seite. Die Sirene des Polizeiwagens heulte auf. Pears rappelte sich wieder hoch und stürzte zu seinem Wagen.

Er hielt sich dicht hinter dem Streifenwagen, der sich mit Blaulicht und Sirene eine Gasse bahnte. Dann waren wieder Schüsse zu hören, und plötzlich geriet der Polizeiwagen vor ihm ins Schleudern, raste auf die Gegenfahrbahn und krachte in ein parkendes Fahrzeug. Pears sah noch, wie die beiden Autos sich ineinander verkeilten, dann war er bereits an ihnen vorbei. Doch auch die Rücklichter des Sportwagens vor ihm schossen hin und her. Er schien ins Schleudern gekommen zu sein und fuhr jetzt langsamer. Einen Augenblick lang sah es so aus, als hätten die beiden die Kontrolle über das Fahrzeug verloren.

Plötzlich warfen die Burschen ganz kontrolliert ihren Schlitten nach links, Reifen quietschten, und schon schossen sie in der Gegenrichtung davon. Pears versuchte sofort den gleichen Trick. Er stieg in die Bremse und riß das Steuer hart nach links. Sofort schleuderte das Heck herum. Nun nahm er den Fuß vom Gas und ließ das Lenkrad locker laufen. Der Wagen stabilisierte sich von allein. Erst jetzt gab er wieder Gas und raste hinter dem Cabrio her, das inzwischen einen hübschen Vorsprung hatte. Sie donnerten auf das Einkaufsviertel zu, auch gut. Da nun keine Sirene und kein Blaulicht hinter ihnen folgte, wurden die übrigen Verkehrsteilnehmer nicht auf sie aufmerksam und machte ihnen nicht Platz. Das war ein Nachteil. Sie kurvten wie die Wahnsinnigen durch die Gegend, aber in der Innenstadt hörte der Verkehr ziemlich schlagartig auf. Das gab Pears die Chance, sich mehr um die Verfolgung zu kümmern. Und langsam wurde der Abstand zwischen ihm und den anderen geringer.

Dann sah er, wie der Sportwagen in eine Kurve ging, die er mit der augenblicklichen Geschwindigkeit nie schaffen konnte. Instinktiv stieß Pears einen Warnschrei aus, doch es war zu spät. Das Fahrzeug wurde auf die andere Straßenseite gedrückt, die linken Räder schleiften krachend am Randstein entlang, dann rumpelte der Wagen auf den Gehsteig und rutschte auf dem Pflaster weiter. Mehr konnte er nicht sehen, denn er selbst fuhr geradeaus über die Kreuzung, denn er dachte nicht daran, die selbstmörderische Kurverei nachzuvollziehen. So schnell es ging, brachte er seinen Wagen am Straßenrand zum Stehen und stürzte nach draußen. Er riß seine Pistole aus dem Halfter und rannte zurück zur Kreuzung. Und nun sah er den Sportwagen: Er hatte sich um einen Laternenpfahl gewickelt. Der Pfahl schien jetzt aus dem Fahrersitz zu wachsen, aber der Fahrer lag daneben auf der Straße. Der andere Bursche rannte schräg über die Straße auf die dunklen Eingänge zwischen den Häusern zu.

Pears entschloß sich, dem Flüchtenden zu folgen. Er wußte nicht, wen von beiden er jagte – Bernhard Weatherley oder Randy Poswold. Aber er wußte, daß er jetzt die reelle Chance hatte, einen der Kerle zu erwischen. Bei der Autojagd war er eigentlich im Nachteil gewesen, denn der kleine, kompakte Sportwagen war wesentlich schneller und wendiger als sein schwerfälliger Karren. Mit einem Könner am Steuer wären die Burschen ohne Weiteres entkommen. Der brauchte doch nur die Kurve so knapp zu nehmen, wie der Sportwagen es zuließ. Doch Gott sei Dank war der Fahrer ein Anfänger und damit nicht in der Lage, seinen Vorteil zu nutzen. Und nun war diese Chance vertan.

Pears sah noch, wie der Junge hinter einer Hausecke aus seinem Blickfeld verschwand. Er folgte ihm noch ein Stück und ging dann hinter einer Mauer in Deckung. Er dachte nicht daran, um die Ecke zu biegen und möglicherweise in einen Kugelhagel zu geraten. Pears nahm seine Pistole schußbereit in die Hand, holte tief Luft und schob vorsichtig seinen Kopf um die Mauerkante. Die Straße vor ihm und die Gehwege lagen im Dunkeln. Nichts rührte sich.

Erst jetzt trat er vorsichtig aus dem Schutz der Mauer und blieb sofort wieder stehen. So sehr er seine Augen auch strapazierte, er konnte nicht die geringste Bewegung wahrnehmen. Obwohl er sich ganz langsam und leise vorwärts bewegte, kam es ihm vor, als hallten seine Schritte durch die ganze Stadt. Schweißtropfen rannen ihm in den Nacken, er glühte am ganzen Körper. Plötzlich erstarrte er in jeder seiner Bewegungen, als er das Licht entdeckte. Es fiel aus der Einfahrt eines Kaufhauses, die Tore standen weit offen. Sollte der Bursche in diesem Warenhaus verschwunden sein?

Pears wußte, daß er einem Angriff ziemlich hilflos ausgesetzt war, wenn er die lichtüberflutete Einfahrt betrat. So blieb er noch im Dunkeln und lauschte in die Nacht. Außer den üblichen Geräuschen der Stadt war nichts zu hören.

Er holte tief Luft und stürzte, die Pistole schußbereit im Anschlag, ins Innere des Warenhauses, bereit, auf jeden Angriff sofort zu reagieren.

In den Lagerräumen des Kaufhauses schien sich keine Menschenseele aufzuhalten. Das war recht seltsam. Hatte etwa ein Angestellter vergessen, die Tore zu schließen, als er das Gebäude verließ? Vielleicht fanden sich aber erst in der hintersten Ecke des riesigen Gebäudes irgendwelche Leute.

Seine Augen versuchten, jede Einzelheit zu erfassen. Zu seiner Rechten befanden sich große, solide Holzverschläge. Direkt vor ihm gähnte ein riesiger Durchbruch, breit und hoch genug, um den größten LKW durchzulassen. Doch um diese Uhrzeit befanden sich keine Fahrzeuge in der Halle. Trotzdem hoffte er noch immer, auf irgendwelche Arbeiter zu stoßen, doch vergebens. Vorsichtig drang er noch tiefer in das Gebäude ein. Plötzlich hörte er, wie jemand in seiner Nähe hastig einatmete. Er wollte reagieren und duckte sich sofort. Als er herumwirbelte, fing er den Schlag mit seiner Schulter auf. Die Pistole entglitt seinen Fingern, schlidderte über den Betonboden und krachte gegen die Mauer. Er boxte, ohne zu zielen, gegen den Körper eines Mannes, verlor dabei das Gleichgewicht und stürzte auf die Knie. Der Bursche besaß eine Waffe und drückte sie jetzt gegen sein linkes Schulterblatt. Pears ließ sich auf die Hände fallen. Nun wußte er wenigstens, daß es Randy Poswold war, der sich in einem der Holzverschläge auf der rechten Seite versteckt hatte. Alles, was er im Augenblick von ihm sehen konnte, waren die Kappen seiner Schuhe. Poswold ließ ihn eine Weile in dieser Lage knien. Dabei versuchte Pears, die Schmerzen in seiner Schulter und seiner Brust zu unterdrücken. Sein linker Arm war ohne jedes Gefühl.

Die verrücktesten Gedanken schossen ihm durch den Kopf. Er dachte an den Körper, der scheinbar leblos neben dem Auto gelegen hatte. Es mußte Bernhard Weatherley gewesen sein. War Weatherley tot?

Er erinnerte sich auch an den eiskalten Glanz in Randy Poswolds Augen, als er die zwei Burschen im Restaurant gestellt hatte. Jetzt hatte Randy ihn in der Mangel. Crockers warnende Worte fielen ihm ein: „Wenn Sie allein sind, nehmen Sie nie einen Junggangster fest."

Randy Poswold stieß mit dem Fuß nach ihm. „Los, aufstehen!"

Das Kommando überraschte Pears. Er zwang sich dazu, den Kopf ganz langsam zu heben. Poswold stand keine vier Schritte von ihm entfernt. Man sah ihm an, daß er vor Wut kochte und voller Aggressivität steckte.

Gab es denn da keinen Menschen außer ihnen in diesem Warenhaus, warum ließ sich denn niemand blicken?

„Los, auf!" wiederholte Poswold jetzt lauter.

„Laß dir Zeit, Randy."

Poswold kicherte böse und trat auf Pears zu, als dieser sich auf den Knien aufrichtete. Pears sah den Pistolenknauf auf sich zukommen, hatte aber keine Gelegenheit, ihm auszuweichen. Die Pistole traf auf seinen Mund, er schluckte Blut. Eine seiner Lippen, vielleicht auch beide, waren gespalten.

„Wie gefällt dir das, Bulle?"

Die Worte schienen von weit her zu kommen. Pears schüttelte den Kopf und bemühte sich, den Jungen im Auge zu behalten.

„Ihr Bullen hättet Bernie nicht umbringen dürfen!"

Pears sackte zurück in den Schneidersitz, zog die Füße

unter sich und verharrte in dieser Stellung. Langsam bekam er wieder einen klaren Kopf. Nur die Schmerzen nahmen jetzt überhand. Sein Mund schien übergroß anzuschwellen. Er tastete mit seiner Zunge nach seinen Vorderzähnen, doch er fühlte nichts. Womöglich besaß er gar keine Zähne mehr an dieser Stelle? Aber er konnte sich nicht daran erinnern, sie ausgespuckt zu haben.

„Sie hätten Bernie nie umbringen dürfen!“ wiederholte Poswold laut brüllend.

Pears behielt ihn im Auge. Er kam auf die Knie, stemmte einen Fuß nach hinten und erhob sich. Er schwankte noch ein wenig, aber er spürte deutlich, wie er wieder zu Kräften kam.

Poswold hielt die Pistole auf ihn gerichtet. Er blickte verbissen drein, die Lippen aufeinandergepreßt, und die Augen waren nur noch schmale Schlitze. Pears entdeckte seine eigene Pistole vor sich auf dem Betonboden, knapp drei Meter entfernt.

Poswold warf einen kurzen Blick auf die Waffe und grinste verächtlich. „Du steckst ganz schön in der Klemme, Bulle!“

„Willst du mich umbringen, Randy?“

„Mit Vergnügen. Ich werde dich abknallen.“

„Genauso wie die anderen?“

„Und genauso, wie ihr Bullen Bernie erledigt habt.“

„Na ja, auf einen mehr kommt es ja bei dir nicht an. Zwei Polizisten hast du ja schon auf dem Gewissen. Und diesen College Boy nicht zu vergessen...“

„Nein, den Ambler nicht.“ Poswold grinste hinterhältig.

„Du, Bernie und der College Boy, ihr drei wart doch

Partner. College Boy wußte, daß das Geld mit Nathan Moss in die Stadt kommt. Er weihte euch ein. Nathan Moss kannte nur College Boy und nicht euch zwei, und da habt ihr ihn sicherheitshalber . . ."

Poswold klappte den Lauf von seiner Pistole weg und warf einen Blick in das Magazin. Er ließ es sogleich wieder zuschnappen und lachte lauthals.

„Wetten, Bulle, daß wir jetzt sehr viel Spaß miteinander haben werden?" Er hob die Pistole und zielte auf den Kopf von Pears.

„Wir spielen Russisches Roulette."

Diese neue Wendung paßte Pears gar nicht. Er hatte zuvor alles versucht, um Poswold abzulenken. Nun sah er den schwankenden Lauf auf sich gerichtet und wußte, daß Poswold den Abzug betätigen würde. Das metallische „Klick" des Schlagbolzens hallte in den leeren Räumen nach. Aus einem schnellen Reflex heraus hatte sich Pears zur Seite geworfen. Poswold lachte amüsiert und richtete erneut den schwankenden Lauf auf Pears. In diesem Augenblick setzte Pears zum Sprung an. Er knallte eine rechte Gerade in die ekelhafte Fratze vor sich. Die Faust traf im gleichen Augenblick, in dem der Schlagbolzen erneut „Klick" machte. Poswold taumelte nach hinten. Pears setzte eine gezielte Linke nach und traf Poswolds rechten Ellbogen mit solcher Wucht, daß ihm die Pistole aus der Hand flog und über ihn hinwegsegelte. Sofort folgte eine Rechte in den Magen. Der Bursche fiel rückwärts auf den Beton, Pears stürzte sich auf ihn, drehte ihm seine Arme auf den Rücken und ließ die

Handschellen zuschnappen. Als er sich wieder hochgerappelt hatte, konnte er endlich nach Luft schnappen.

Erst jetzt entdeckte er den Mann im schweißverklebten Hemd mit der Arbeitsmütze auf dem Kopf, der ihn mit weit aufgerissenen Augen anstarrte. Er stand keine fünfzehn Meter entfernt und zitterte vor Aufregung, war aber zu jeder Hilfe bereit. Wie er sagte, hatte er die Toreinfahrt geöffnet, weil man eine verspätete Anlieferung erwartete. Nachdem er am Ende des Gebäudes zu tun hatte, von dort ganz entfernt Stimmen hörte und dachte, daß der erwartete LKW endlich angekommen sei, war er ans Tor geeilt. Er kam gerade noch zurecht, um mitzubekommen, wie Pears Poswold aufs Kreuz legte.

Randy Poswold saß da und hielt den Mund. Er dachte nicht daran, mehr von sich zu geben als Namen und Adresse. Außerdem verlangte er nach einem Anwalt.

Sergeant Crocker schlug vor, seinen Vater zu verständigen, doch der Bursche lachte nur kurz und meinte, daß Crocker zum Teufel gehen solle. Poswold hatte sich in der Zwischenzeit einige Stockwerke tiefer in einer kühlen Zelle von der heißen Nacht erholt. Den Mann aus dem Kaufhaus hatte man längst nach Hause geschickt, und die Reporter der Zeitungen saßen längst an ihren Schreibmaschinen.

Crocker betrachtete Pears mit sorgenvoller Miene.

„Wie fühlst du dich?“

„Teuflisch gut.“

„Du siehst verdammt schlecht aus. Wie oft habe ich dir

eingebleut, einen Junggangster nicht allein festzunehmen."
„Ich dachte eben, daß ich es allein schaffen könnte."
„Und das trifft sogar zu."
Alle im Bereitschaftsraum, auch die Jungens von der Nachtschicht, grinsten erleichtert.
„Hat man die Weatherleys schon über ihren Sohn informiert?" fragte Pears.
„Ja."
„Und wie geht es unseren Leuten, die sich im Streifenwagen überschlagen haben?"
„Einer ist leicht verletzt, der andere kam mit einem Schock davon. Beide werden bald wieder auf den Beinen sein, sagt der Doktor. Da wir gerade davon sprechen, was hältst du von einem Arzt?"
„Meine Frau wird das machen."
„Wie du meinst", grunzte Crocker.
Pears verließ endlich den Bereitschaftsraum.
Draußen war es noch immer recht schwül, aber das machte ihm jetzt nichts mehr aus, denn er fühlte sich innerlich sehr wohl. Vorsichtig betastete er mit seinen Fingerspitzen die geschwollenen Lippen. Er hatte frisches Blut an den Fingern. Die Wunde an der gespaltenen Lippe war also noch offen. In seiner Schulter schmerzte es gewaltig, und die blauen Flecken an den Ellbogen hatten sich grün verfärbt.
Langsam fuhr er seinem bescheidenen Appartement entgegen. Er dachte an Lucie Weatherley und den Schock, den sie und ihre Familie jetzt verkraften mußten.

★

Der Kerl saß im Wohnzimmer und hielt eine Pistole auf Nancy gerichtet. Pears brauchte einige Zeit, um sich zu fassen, denn mit so etwas hatte er nicht gerechnet.

„Mach die Tür hinter dir zu", befahl Gerold Bishop, ohne aufzublicken.

Pears gab der Tür einen Stoß, sie fiel ins Schloß.

„Was soll das?"

„Er ist schon seit einer halben Stunde hier", erklärte Nancy. „Was ist mit deinen Lippen passiert?" Sie blieb ganz ruhig, starrte aber mit großen Augen auf seinen Mund. Nancy saß in ihrem großen Ohrensessel, vor sich ein Bügelbrett. Man konnte an ihren zusammengepreßten Knien und den geballten Fäusten unschwer erkennen, in welcher Verfassung sie war. Der Fernseher auf der gegenüberliegenden Seite des Zimmers war ausgeschaltet. Wahrscheinlich hatte Bishop das verlangt. Pears wußte zu gut, daß seine Frau gerne an dieser Stelle bügelte, weil sie nebenbei auch dem Fernsehprogramm folgen konnte.

„Ich habe das Ding ausgeschaltet", sagte Bishop.

Pears versuchte ruhig zu bleiben. „Aha."

Bishop zuckte mit den Schultern, ohne den Blick und seine Pistole von Nancy zu wenden. „Ich hoffe, Sie werden mir helfen, aus der Stadt zu verschwinden."

„Mag sein."

Bishop lachte gequält. „Bitte kein Katz-und-Maus-Spiel, Sergeant. Der Junge von Weatherley ist tot, und Sie haben Randy Poswold. Ich kenne diesen Randy, ich mache schon seit einigen Jahren mit ihm Geschäfte. Wenn ich darüber nachdenke, weiß ich heute noch nicht, warum ich mich darauf eingelassen habe. Es gab immer Ärger mit dem Bürschchen. Aber er schleppte auch immer gute Ware an. Ich weiß nicht, wie er das machte. Ich habe nie Fragen gestellt und nur an den Gewinn gedacht. Heute weiß ich, daß ich einen Fehler begangen habe."

Nun waren einige offene Fragen einer Klärung sehr nahe, schoß es Pears durch den Kopf. Er versuchte ruhig zu bleiben und seine Erregung zu verbergen.

„Sie haben also mit ihm zusammengearbeitet? Sie sind ein Halunke!"

„Ich weiß, ich hätte das lieber nicht tun sollen. Immer gab es irgendwelchen Ärger."

„Und dann kam ausgerechnet Courtney Klane, überfiel den Geldtransporter und beauftragte Sie mit dem Umtausch?"

„Fünfzigtausend ist ein ganz schöner Gewinn, Sergeant."

„Sie brauchten also für das Geschäft zwei Burschen, die Nathan Moss nicht kannte. Und da dachten Sie an Poswold und Weatherley."

„Randy brachte Weatherley mit. Ich habe den Jungen zum ersten und letzten Mal bei dieser Besprechung gesehen."

„Was haben Sie ihnen für einen Job gegeben? Vermutlich fünftausend?"

„Nein . . . sie verlangten zehn. Ich hatte keine Wahl, die Zeit drängte."

„Und College Boy?"

Bishop warf Pears einen bedeutungsvollen Blick zu und sagte grinsend: „Reines Ablenkungsmanöver. Als Sie und

Crocker mir derartig auf den Pelz rückten, habe ich Ihnen College Boy zum Fraß vorgeworfen, damit ich Sie beide erst einmal los war."

„Und dann haben Sie ihn rechtzeitig umgebracht, damit er nicht mehr plaudern konnte."

„College Boy war immer nur mit seiner Schnauze vorn, sonst nichts."

„Nun haben wir heute nacht Randy Poswold geschnappt."

„Das ist es eben – lassen Sie uns ins reine kommen, Sergeant. Ich kenne diese Grünschnäbel leider zu gut, sie blöken sofort wie die Schafe, wenn es hart auf hart geht. Aus diesem Grunde muß ich schnellstens aus der Stadt verschwinden. Klane liebt mich jetzt bestimmt nicht mehr, und auch ihr sitzt mir im Genick. Deshalb habe ich mir hier Ihre Puppe vorgenommen, denn ich denke nicht daran, hinter euren Gittern zu verschwinden. Ich bestimme immer noch, wohin die Reise geht, und Sie und Ihre Puppe begleiten mich. Haben sie verstanden?"

„Ja."

Bishop erhob sich aus seinem Stuhl, stellte sein Hörgerät lauter und zeigte auf die Tür. „Also, machen wir uns auf die Socken."

Pears versuchte, wach zu bleiben. Im Augenblick konnte er nicht allzuviel machen. Er nickte jedoch seiner Frau zu, als sie Bishop bat: „Darf ich zuvor noch eine Kleinigkeit erledigen?"

Sie strich vorsichtig mit ihrem nassen Finger über den Boden des Bügeleisens, das hochgestellt auf dem Bügelbrett stand. Das Eisen zischte leise. Sie lächelte Bishop zu.

„Ich möchte nicht, daß unsere Wohnung in Flammen aufgeht, wenn wir hier verschwinden."

„Verstehe", brummte er und schwenkte seine Pistole auf Pears. Er zielte jetzt auf ihn.

Pears beobachtete genau, was seine Frau tat. Sie zog den Stecker aus der Wand, und als sie wieder ans Brett trat, stand Bishop neben ihr. Sie nahm das Eisen hoch und trat auf ihren Mann zu. Unvermittelt drehte sie sich wieder um und schwenkte das Eisen in der Luft. Bishop duckte sich instinktiv, trotzdem erwischte sie ihn an der Backe. Er heulte auf und riß den Abzug der Pistole durch.

In diesem Augenblick rammte ihm Pears die Faust mit voller Wucht in den Magen und stieß mit dem Knie nach seinem Ellbogen. Die Pistole entglitt seinen Fingern. Dann war Nancy wieder am Zug und drückte ihm das glühende Bügeleisen auf die Brust. Bishop stürzte vor Schreck auf den Teppich, und Pears warf sich auf ihn. Es brauchte einige Zeit, bis er nach Nancy sehen konnte. Sie stand da wie eine Rachegöttin, jederzeit bereit, das Eisen noch einmal zu benutzen, und starrte auf das Einschußloch in ihrer Zimmerdecke. Als sie endlich ihrem Mann den Kopf zuwandte, schüttelte dieser vorwurfsvoll den Kopf und sagte: „Du gehst sehr unvorsichtig mit dem Ding da um, Liebling."

Sie hielt das Bügeleisen erneut hoch und grinste über das ganze Gesicht. „Merk es dir für alle Fälle, mein Schatz."

Irrtum ausgeschlossen

Edgar Remmick wollte sichergehen und tauchte etwas früher auf. Er keuchte, dem Wind und Regen ausgesetzt, die Feuerleiter hoch. Als er endlich den dritten Stock erklommen hatte, mußte er heftig schnaufen.

Einige Augenblicke später, nachdem sein Atem etwas ruhiger ging, wandte er sich dem Fenster zu. Befriedigt stellte er fest, daß es nicht verschlossen war. Das ersparte ihm die Anstrengung, es mühsam aufzustemmen. Trotzdem war er nicht ganz zufrieden mit den gegebenen Umständen und seufzte schwer.

Wenn man in Rechnung stellte, welche Wertgegenstände sich hinter dem Fenster verbargen, und wie neugierig andererseits die Nachbarn waren, dann hätte man eigentlich erwarten können, daß Patty Blake nichts Besseres tun konnte, als ihre Schlafzimmerfenster fest verschlossen zu halten. Aber so war eben Patty. An so etwas dachte sie nicht!

Remmick schob die Vorhänge ein wenig zur Seite und lauschte in die süßlich parfümierte Dunkelheit. Er dachte nicht daran, in die Wohnung einzudringen, wenn es sich nur irgendwie vermeiden ließ. Und nachdem er einen Blick in das Innere geworfen hatte, war er auch überzeugt davon, daß er die Wohnung nicht zu betreten brauchte. Von draußen konnte er deutlich erkennen, wie sich in regelmäßigen Abständen durch die Türe zum Flur ein gelber Schimmer ausbreitete. Dieser aufflackernde Schein stammte von einer Leuchtreklame auf der anderen Straßenseite. Da er sie im Schlafzimmer sehen konnte, wußte er genau, daß auch die Türe zum Wohnzimmer offenstand, das sich am anderen Ende des Flurs befand.

Remmick hielt sich mit der linken Hand an dem nassen Eisengeländer der Feuerleiter fest, während er mit der rechten eine langläufige Zweiundzwanziger aus der linken oberen Manteltasche zerrte. Er hatte sie erst vor ein paar Tagen käuflich erworben. Bevor er den Schalldämpfer aus der linken Tasche holte, steckte er die Waffe zwischen die oberen Knöpfe seines Mantels. Den Schalldämpfer hatte er in einer düsteren Alteisenhandlung billig erstehen können. Er befestigte ihn auf der Mündung der Pistole. Dann hielt er sich am Fensterkreuz fest und legte die Pistole vor sich auf das Brett.

Irgendwann im Verlaufe der nächsten Viertelstunde mußte sich die Wohnzimmertür öffnen. Einen Augenblick lang würde die Silhouette von Patty Blake, ins Licht der Flurlampe getaucht, sichtbar werden. In diesem Moment hätte sie kaum noch eine Chance. Nicht mehr jedenfalls, als eine Tontaube in der Schießbude eines Rummelplatzes.

Remmick wartete. Der Regen rann aus dem schwarzen

Nachthimmel, und ein böiger Wind rüttelte immer wieder an den klappernden Müllkästen tief unten am Grunde der Häuserschlucht. Aus dem Schlafzimmer stieg der süßliche Parfümgeruch in seine Nase. Vor kurzem noch hatte der Duft von Pattys Spezialparfüm ihn erregt. Aber das war nun endgültig vorbei.

Während der Warterei dachte er an seine Frau Stella. Was er sich hier vorgenommen hatte, tat er für sie. Ach, die liebe, süße, geduldige Stella. Er wußte selbst nicht, warum er so ein riesiger Esel gewesen war. Wie konnte er nur riskieren, ihre stetige Liebe aufs Spiel zu setzen? Noch dazu für so eine dumme Gans, die kaum halb so alt war wie er. Er sah Patty Blake vor sich. Dieses kaugummikauende Etwas, blond, vollbusig und mit jedem gut Freund, der etwas mehr Kies besaß als die anderen. Remmick konnte sich leicht vorstellen, daß er nicht der erste war, der Klein-Pattys Rechnungen beglich. Aber nun hatte er sich vorgenommen, der letzte zu sein.

Nerven hatte die – Nerven wie Drahtseile! Nach alldem, was er für sie getan hatte – die Geschenke, die wöchentlichen Barzahlungen –, da versuchte sie doch glatt, ihn zu erpressen. Als er ihr mitteilte, daß nun Schluß sei, galten die Geschenke und das Geld offenbar nichts.

Die Idee war Remmick gar nicht gekommen, daß sie Ärger machen würde. Und jetzt, da er nun wußte, wie sie sein konnte, ärgerte er sich krumm. Er zitterte am ganzen Körper, und seine behandschuhten Hände verloren fast den Halt.

Dieses kindliche Lächeln und die viel zu dick geschminkten

Lippen, der flatternde Augenaufschlag und die eiskalten Worte: „Tja, mein Lieber, du verstehst, daß ich dich nicht missen möchte. Es bleibt alles beim alten. Falls du dich nicht daran hältst, gehe ich – so ungern ich es tue – zu deiner Alten – wie heißt sie noch? Obwohl ich es natürlich hasse!"

Und Remmick wußte, daß sie dazu fähig war.

Gleich nach dieser Nacht fand er am nächsten Tage seine Frau in Tränen aufgelöst auf dem Bett. Sie hatte einen anonymen und sehr obszönen Telefonanruf erhalten. Die Stimme, so sagte sie, gehörte zu einer jungen Frau.

Schon einige Zeit zuvor hatte Remmick betrübt feststellen müssen, daß seine Frau manches ahnte, was er so geheimzuhalten versuchte. Und er tat es doch nur, um sie vor seinen eigenen Eskapaden zu schützen. Nun, eine gewisse Ahnung war noch lange nicht so schlimm wie nackte Tatsachen, die ihr von Patty Blake oder irgend jemand anderem ins Gesicht geschleudert wurden.

Dies konnte und wollte Remmick nicht zulassen. Er quälte sich nun mit den unerfreulichsten Plänen und kam zu dem Schluß, daß das Sicherste noch ein Mord sei. Er baute Patty Blake in verschiedene Planungen ein, die sich in dieser Richtung bewegten, und betrachtete dies als einen Akt der Selbstverteidigung.

Zuerst hatte er an Gift gedacht. Er besorgte sich sogar eine Gelatinekapsel mit Zyankali. Aber er fand es dann doch zu schwer, ihr das Gift einzuflößen. Wie zu erwarten, war Patty immer auf der Hut.

Nein, Gift kam keinesfalls in Frage. Es gab da zu viele

12 8246-12

Unwägbarkeiten, und auch Irrtümer waren nicht auszuschließen. Er haßte Irrtümer. Und bei der Selbstbefreiungsaktion mußten Irrtümer auf alle Fälle ausgeschlossen bleiben. Sich selbst erlaubte er keinen Irrtum und seinen Angestellten schon gar nicht.

Ja, er dachte über andere Möglichkeiten nach. Aber bei allen fand er Schwachstellen.

Um weitere Anregungen bemüht, widmete er sich ausgiebig der Zeitungslektüre. Dabei stieß er auf einen Bericht von dem letzten Überfall eines offenbar nicht ganz normalen Täters. In einem bestimmten Stadtgebiet war nach einer ganzen Serie vorangegangener Überfälle wieder eine Frau Opfer und Ziel dieses Mannes geworden. Der mit einer Zweiundzwanziger bewaffnete Schütze hatte die Angewohnheit, auf die Schatten von Frauen zu schießen, die sich gerade in ihrem Schlafzimmer entkleideten. Und dieses erwähnte Stadtgebiet war nicht weit von dem Haus entfernt, in dem er Patty Blake das Appartement bezahlte.

Er schob die Zeitung beiseite, griff aber sogleich wieder danach, um sich den Wetterbericht anzusehen. Voraussichtlich sollte es am nächsten Tag noch schön bleiben. Für die darauffolgenden Tage war Regen zu erwarten.

Und heute war er nun tatsächlich da, der Regen. Regen, ein stürmischer Wind, dazu eine kohlrabenschwarze Nacht. Alles war hervorragend für ihn geeignet, um den Weg über halbleere Straßen und den Aufstieg über die schlüpfrige Feuerleiter ungesehen hinter sich zu bringen.

Ja, er wartete geduldig. Und auch die unbequeme Lage

störte ihn nicht. Er genoß sie sogar. Denn all dies diente ja einem guten Zweck. Er war drauf und dran, seine Dummheiten und Eskapaden wiedergutzumachen. Und er tat es für seine Stella.

Er drehte sein Gesicht dem heulenden Wind entgegen und murmelte: „Liebling ja, ich habe meine Lektion gelernt. Von heute an will ich nur noch für dich dasein!"

Er träumte, mit Stella eine lange Reise zu unternehmen. Eine Art zweite Flitterwochen. Warum eigentlich nicht?

Plötzlich und unvermittelt flammte innen ein gelber Lichtschein auf und erinnerte ihn schlagartig an die harte Gegenwart und das Geschäft, das er zu erledigen hatte.

Die Wohnungstür wurde geöffnet.

So früh hatte er Patty nicht erwartet. Er wußte, daß sie jeden Abend ihr Essen in einem Restaurant einnahm, um dann gegen acht Uhr wieder nach Hause zu kommen. Heute war sie viel zu früh dran.

Aber ihm sollte es recht sein.

Er kniff das linke Auge zu, hob den Revolver und zielte am Lauf entlang durch die Vorhänge hindurch auf die offene Schlafzimmertür. Da tauchte sie auch schon auf und machte sich an der Garderobe zu schaffen. Deutlich zeichnete sich ihre in einen Regenmantel gehüllte Silhouette ab.

Jetzt trat sie an die Schlafzimmertür, hob den Arm und fummelte an der Wand nach dem Lichtschalter.

Remmick drückte ab. Die Zweiundzwanziger machte mit dem Schalldämpfer ein Geräusch, das nicht lauter war als ein Klatschen in die Hand. Die Gestalt im Regenmantel taumelte zurück und riß die Arme hoch. Sicherheitshalber schoß er noch zweimal, bis die Frau in sich zusammensackte und hörbar auf den Teppich plumpste.

Er wußte, daß es eigentlich nicht notwendig gewesen wäre, so oft zu schießen, denn er hielt sich für einen hervorragenden Schützen und glaubte, sie bereits mit dem ersten Schuß erledigt zu haben.

Es war gerade 8 Uhr und 30 Minuten, als er seinen Wagen in die Einfahrt zu seinem Haus lenkte. Der Regen hatte inzwischen nachgelassen. Überrascht nahm er mit einem Blick zur Kenntnis, daß der Wagen seiner Frau nicht an ihrem Platz in der Doppelgarage parkte.

Vielleicht war sie noch schnell in den Supermarkt gefahren oder in die Reinigung.

Remmick blieb noch einen Moment im Wagen sitzen und rekapitulierte die gerade hinter ihm liegenden Ereignisse. Er hatte die Pistole in alle ihre Teile zerlegt und sie dann in den Fluß geworfen, der nicht weit von der Straße vorbeifloß.

Es gab nun wirklich nichts mehr, das sich mit ihm und dem Tod von Patty Blake in Verbindung bringen ließe. Es gab auch nichts mehr, was beweisen könnte, daß er sie überhaupt gekannt hatte. Schon immer hatte er darauf geachtet, sein Verhältnis zu ihr zu verschleiern. Sogar die Fingerabdrücke, die er an irgendwelchen Stellen ihrer Wohnung hinterließ, hatte er peinlichst beseitigt. Natürlich war das zunächst nur eine ganz normale Vorsichtsmaßnahme gewesen. Er wußte ja zu diesem Zeitpunkt noch gar nicht, daß er eines Tages gezwungen sein würde, sie umzubringen. Nun war er sehr froh, daß niemand in der Lage war, auch nur die kleinste Spur einer Verbindung zwischen Edgar Remmick und Patty Blake herzustellen.

Nach diesem Überblick begann er fröhlich zu pfeifen, stieg aus dem Wagen und strebte seiner Haustür entgegen. Das Allererste, was er im Wohnzimmer auf dem kleinen Tisch entdeckte, auf dem Stella die Post abzulegen pflegte, war ein weißer, handgeschriebener Zettel.

Er erkannte sofort Stellas Schriftzüge. Er pfiff fröhlich weiter, als er zu lesen begann.

Doch langsam verwirrte sich sein Blick, und die Sätze und Worte auf dem Blatt begannen vor seinen Augen zu tanzen.

„Es tut mir leid... aber ich kann nicht mehr... ich weiß alles über Miss Blake... bin dir gefolgt... ich möchte ihr von Angesicht zu Angesicht begegnen... ich fand den Schlüssel..."

Remmick stöhnte auf und begann leise zu wimmern. Ihm fiel ein, daß er den Schlüssel von Pattys Appartement aus dem Bund gelöst hatte, um ihn heute früh unter ein Paar gebrauchte Socken zu schieben, die er in seinem Schrankfach aufbewahrte.

„... den Schlüssel und mache mich jetzt auf den Weg zu ihr. Falls sie nicht zu Hause ist, werde ich mir mit dem Schlüssel Zugang zu ihrer Wohnung verschaffen und dort auf sie warten... ich muß das erledigen... ich liebe dich zu sehr, Edgar, und ich werde um dich kämpfen..."

Der Zettel entglitt seinen plötzlich kraftlosen Fingern und

schwebte auf den Teppich.

„Nein!“ wimmerte er und begann dann laut zu jammern. „Es kann doch nicht sein, es darf doch nicht sein!“

Und nun erst fiel ihm siedendheiß ein, daß der Schatten, den er gesehen hatte, eigentlich viel zu schmal für Patty Blake gewesen war. Er erinnerte sich auch, daß er einen Moment lange gezögert hatte, weil ihm irgend etwas an der Figur nicht zu stimmen schien. Auch während die Schüsse fielen, hatte er dieses unterschwellige Gefühl, etwas falsch zu machen. Nun war es also zu spät. Und seine Einbildung und seine plötzlichen Bedenken wuchsen sich von Minute zu Minute zu Alpträumen aus: Er hatte seine eigene Frau, er hatte Stella umgebracht!

So war es, und so blieb es. Irrtum ausgeschlossen.

Wie in Trance durchschritt er die leeren Zimmer in dem leeren Haus. Nur einmal hielt er kurz an, um die Zyankalikapsel aus ihrem Versteck zu kramen. Dann kehrte er wieder ins Wohnzimmer zurück.

Gerührt las er noch einmal die letzten Worte auf Stellas Zettel. In seinen Augen schimmerten Tränen. Dann schluckte er die Kapsel. Es würde noch einige Zeit dauern, bis die Gelatine sich aufgelöst hatte. Dann gäbe es ein gnädiges, schnelles Ende.

Jeder Irrtum war nun wirklich ausgeschlossen.

Er atmete tief und las noch einmal die Zeilen: „Ich liebe dich, Edgar . . . ich liebe dich!“

Dann hörte er das Geräusch des Schlüssels in der Tür. Stella 81trat den Raum. In ihrem Haar glänzten ein paar Regentropfen. Sie blieb vor ihm stehen, als sie ihn entdeckte.

„Oh, du bist schon da? Ich hatte gehofft, vor dir zu Haus zu sein, damit ich diesen Zettel vernichten könnte."

Sie seufzte schwer. „Ich bin doch nicht gegangen, Edgar. Im letzten Augenblick bekam ich Angst vor der eigenen Courage... Edgar, fehlt dir was... bist du krank?"

Ja, er war es. Sterbenskrank.

Titel der amerikanischen Originalausgabe:
ALFRED HITCHCOCK'S ROGUES' GALLERY

erschienen bei Dell Publishing Co. Inc., New York
Übersetzung: Roland Körber
Umschlaggestaltung: Regina Bürger, unter Verwendung
einer Illustration von Herbert Horn
Lektorat: Michael Czernich
Bestellnummer: 8246

München – Wien – Hollywood/Florida USA
ISBN 3 505 08246 5
Weitere spannende Bücher von Alfred Hitchcock
sind in Vorbereitung

Leseprobe aus
Alfred Hitchcock **Krimi-Knüller** Band 3

Philip hatte zu viele Kriminalromane gelesen, um zu glauben, daß er mit dem Mord an seiner Frau so einfach davonkommen könnte. Er war sich voll bewußt, daß in derartigen Fällen der Ehemann der erste und für gewöhnlich auch der einzige Verdächtige ist. Und wenn solch ein Verdacht erst einmal feststand, würde eine so wohlausgerüstete Polizei wie die, über die er gelesen hatte, unausweichlich das nötige Beweismaterial finden, um die Spur zurückzuverfolgen. Philip dachte darüber nach, daß sein Bedürfnis, die Ehe auf diese Weise abzustreifen wie eine alte Haut, zwar ungeheuer stark gewesen war, doch keineswegs gleichzeitig den Wunsch in ihm erweckt hatte, für diese Tat etwa mit Gefängnis oder gar mit dem elektrischen Stuhl zu bezahlen.

Und gerade da – welch ein wundervoller Zufall, wenn man es einmal im rechten Licht betrachtete –, gerade da war er Flora und Schustak begegnet, beiden fast zur gleichen Zeit.

Zuerst hatte er Flora kennengelernt. In einer Bar nicht allzuweit weg von seiner Wohnung, in der 70. Straße. Sie war hereingekommen, hatte ihn angesehen, und plötzlich waren sie miteinander im Gespräch gewesen. Es war alles so ganz natürlich gekommen . . . Dann hatten sie sich öfter getroffen, und schließlich hatte er sie in ihrer Wohnung besucht. Damit hatte dann alles angefangen.

Er überlegte, wie weit er es wohl gewagt haben würde, sich Flora zu nähern, wenn nicht in der Zwischenzeit Schustak aufgetaucht wäre. Aber vielleicht hätte er alles genauso gemacht. Zu der Zeit, als er Schustak begegnete, wußte Flora bereits alles über ihn, von seiner Kindheit bis zu seiner Ehe, die er nur allzu gerne um jeden Preis wieder rückgängig gemacht hätte.

Natürlich hatte sie ihn gefragt, ob er sich nicht scheiden lassen könne. Aber er wußte, daß das ganz außer Frage stand. Er hatte ihr das auch gesagt. Seine Frau würde nie ihre Einwilligung zu so etwas geben. Ihre ganze Erziehung sprach dagegen, und außerdem, meinte er mit etwas schiefem Lächeln, würde sie nicht so einfach auf eine Goldmine verzichten wollen.

Er hatte Geld. Seine Familie hatte sich einige Generationen lang mühsam abgeplagt, um so weit zu kommen. Sein Vater schließlich hatte die Ersparnisse so weit vermehrt, daß man mit Fug und Recht von „Vermögen“ sprechen konnte. Vielleicht hatte seine Frau ihn von Anfang an nur des Geldes wegen geheiratet. Er hielte das nicht für ausgeschlossen, erklärte er Flora. Jedenfalls war eine Scheidung unmöglich.

Natürlich hatte er nie von Mord gesprochen. Nicht Flora gegenüber. Was das anbelangte, so ließ er sich allenfalls über Krimis aus. Flora und Mord – das war etwas, was einfach nicht zusammenpaßte. Nicht, daß man hätte sagen können, sie wäre ein unschuldiges Mädchen – Philip wollte einfach nur nicht über unerfreuliche Dinge reden, wenn er mit ihr zusammen war. In allem, was Flora betraf, wünschte er sich Vollkommenheit.

Und vollkommen war ja auch alles, jedenfalls behauptete Flora, daß es das war. Sie blieb in ihrer Wohnung, nahm keinerlei Geschenke von ihm an, lebte ihr eigenes Leben.

„Aber gleichzeitig ist es auch dein Leben, Liebling", sagte sie, „es gehört dir, so, wie ich dir gehöre."

Tags darauf war Schustak in sein Büro gekommen.

„Er sagt, er käme wegen Fräulein Flora Arnold", erklärte seine Sekretärin das Anliegen des Besuchers.

Philip wurde blaß, nahm sich jedoch zusammen. „Lassen Sie ihn herein", sagte er. Und als Schustak, elegant und unbefangen, eintrat, meinte er nur: „Schließen Sie die Tür."

„Aber gern", sagte Schustak und tat, wie ihm geheißen. Dann setzte er sich Philip gegenüber.

Philip holte tief Luft. „Sie erwähnten meiner Sekretärin gegenüber Flora Arnold", sagt er.

Schustak nickte, indem er seinen Kopf nur eine Winzigkeit neigte. „So ist es", bestätigte er und zog ein goldenes Zigarettenetui aus seiner Tasche. Er nahm sich eine Zigarette heraus, zündete sie an, schob das Etui wieder ein und fuhr fort: „Es tut mir leid, wenn ich Ihnen Unannehmlichkeiten bereitet haben sollte. Aber es war die einzige Möglichkeit, bis zu Ihnen privat vorzudringen, ohne meine wahren Motive zu enthüllen."

„Ich möchte nicht, daß Floras ... ich meine Miss Arnolds Name hier erwähnt ..." Philip sprach nicht weiter. „Ihre wahren Motive?" sagte er mit veränderter Stimme. „Ich nehme an, Sie wollen mich erpressen?" Er schüttelte entschieden den Kopf. „Da haben Sie kein Glück, Mr. Schumann oder wie Sie auch heißen mögen. Ich zahle keinen Cent."

„Schustak", sagte Schustak, „und ich denke gar nicht daran, Sie zu erpressen. Ganz im Gegenteil. Ich bin hier, um Ihnen einen Gefallen zu tun."

Philip nickte. „Na klar", sagte er erbittert, „Sie wissen über Flora Bescheid und haben sich ausgerechnet, daß ich darüber gerne Stillschweigen bewahrt hätte. Also ..."

„Wollen Sie mal Miss Arnold beiseite lassen? meinte Schustak ruhig. „Ich habe ihren Namen nur erwähnt, damit ich an Sie herankomme. Ich kenne die Frau gar nicht. Mein Geschäft hat wenig – wenn überhaupt etwas – mit ihr zu tun. Ich bin hier, um Ihnen einen Dienst zu erweisen.

„Sie kennen sie gar nicht?" fragte Philip. „Woher kennen Sie dann ihren Namen?"

„Weil", sagte Mr. Schustak mit Bedacht, „ich *Sie* kenne." Er drückte seine Zigarette in Philips Aschenbecher aus und fuhr fort: „Natürlich nicht persönlich. Aber ich kenne Ihre Schwierigkeiten mit ... äh ... mit Ihrer Frau. Ich weiß um Ihren Wunsch, hier eine Lösung zu finden." Er lächelte kaum merklich. „Ich bin hier, um Ihnen eine solche Lösung vorzuschlagen", schloß er.

PATRICIA
WENTWORTH

Rache in Cliff Edge

In Cliff Edge, dem alten Haus auf den Klippen, haben sich Sommergäste eingefunden. Sie freuen sich auf unbeschwerte Tage. Da stört der skrupellose Erpresser Alan Field die traute Runde. Er verbreitet Angst und Schrecken, durch Dinge, die keiner der Anwesenden wahrhaben will. Jeder von ihnen hat ein Motiv – das Motiv für einen Mord . . . Ein Fall für Miss Silver – die strickende alte Dame mit der verblüffenden Kombinationsgabe.

Das Besondere dieses Buches:
Patricia Wentworth gilt als Nachfolgerin von Agatha Christie. Mit psychologischer Beobachtungsgabe schildert sie die zwanghafte Entwicklung von der Erpressung zum Mord. Spannend von der ersten Seite bis zum überraschenden Schluß.

Schneider-
Buch